Iris Brandewiede

Reihenhauskind

Großwerden in der Kleinstadt

agenda

Iris Brandewiede erzählt lieber Geschichten, als ihre Zeit mit Putzen zu verplempern. Daraus entstehen nicht nur Bücher im agenda Verlag, sondern auch Kolumnen und Interviews im Online-Magazin ALLES MÜNSTER. Jovel.

Iris Brandewiede

Reihenhauskind

Großwerden in der Kleinstadt

a

agenda Verlag
Münster
2023

Bibliografische Information der Deutschen Nationalbibliothek

Die Deutsche Nationalbibliothek verzeichnet diese Publikation in der deutschen Nationalbibliografie; detaillierte bibliografische Daten sind im Internet unter http://dnb.dnb.de abrufbar.

Drubbel 4, D-48143 Münster
Tel. +49-(0)251/79 96 10
info@agenda-verlag.de | www.agenda-verlag.de

Druck und Bindung: TOTEM, Inowroclaw, Polen

ISBN 978-3-89688-816-7

für meine Eltern Moni & Jürgen

In bunten Geschichten fließt die Vergangenheit ins Jetzt und Hier. Und genau hier starten wir.

Iris Brandewiede, Herbst 2023

Inhalt

Urlaub bei Oma Lieschen

Wir bekommen ein neues Baby, es war in Mamas Bauch! Als das Baby raus wollte, sind wir zur Nachbarin gegangen, die ein Telefon hat. Sie hat Papa bei der Arbeit angerufen. Papa ist nach Hause gekommen und hat mich zu Oma gebracht. Hier mache ich jetzt Urlaub.

Omas Katze hat fünf Babys, die haben die Augen noch zu. Die Katzenmama Mieze lässt mich mit ihnen spielen. Oma sagt, das macht sie, weil ich lieb bin und außerdem auch noch fast ein Baby. Das stimmt aber nicht, ich bin fast drei und bald eine große Schwester.

Gestern Abend auf dem Töpfchen vor der Heizung habe ich mir vor Lachen in die Hose gemacht, aber ich saß ja auf dem Topf. Oma sagt, sie ist durch mein frühes Aufstehen schon genauso überdreht wie ich. Ich sage: „Oma, wenn du müde bist, musst du Kaffee trinken."

Oma sagt, so viel Kaffee wie sie müde ist, kann sie gar nicht trinken. Oma passt immer auf, wo sie etwas billig einkaufen kann. Wenn die Milch in der Bilka einen Pfennig weniger kostet als im Sparkauf, radelt sie bis zur Bilka und kauft da die Milch ein.

Omas Fahrradsattel hat einen runden Sitz. Das ist ein Damensattel, ganz modern und todschick, sagt Oma. Ich sitze hinter Oma auf dem Kindersitz. „Der ist aus Echt Berliner Büchsenblech", sagt Oma. Meine Füße muss ich auf den Metalltritt zum Aufklappen stellen, sonst kommen sie in die Speichen, sagt Oma, und ich muss mich beim Fahren fest an sie klammern. Beim Treten raschelt Omas Mantel auf ihrer Strumpfhose.

Wenn Oma die Haare frisch gemacht hat und es regnet, zieht sie eine Wetterhexe über ihre Dauerwelle. In jedem Einkaufbeutel hat Oma so eine Haube aus durchsichtigem Plastik für die Haare. Oma zieht unter ihrem Kinn eine Kordel zusammen und sieht ein bisschen aus wie ich mit Anorak und Kapuze.

Nach dem Einkaufen bekomme ich ein buntes Eis für zwanzig Pfennig, das heißt Düsenjäger. Die Stiele davon bewahren wir auf. Man kann sie zusammenstecken und daraus etwas bauen. Oma hat schon viele Stiele in ihrer geheimen Schublade.

Wenn wir zurück sind, helfe ich Oma im Haushalt. Buletten mache ich am liebsten. Ich knete das Hackfleisch, rolle es kugelrund und forme flache Kreise. Wenn beim Braten etwas danebengeht, wischt Oma den Gasherd oder meinen Mund mit dem Lappen ab. Der ist aus rauen Fäden und riecht genau wie Omas Küche. Er liegt immer über dem langen Wasserhahn.

Wenn Oma Kuchen backt, darf ich alles abmessen und in eine große Schüssel schütten. Oma presst die Schüssel an ihren Bauch. An ihrem Kittel ist ein Rand genau da, wo sie hingehört. Oma vermischt alles mit ihren starken Muskeln. Sie rührt mit meinem Lieblingskochlöffel, das ist der mit dem Loch. Omas Oberarme wackeln, weil sie so stark ist.

Wenn Josephine kommt, ist Pause. Josephine ist die Mutter von Tante Elfi. Mamas Bruder Friedel und seine Frau Elfi wohnen hier im Haus. Für mich heißt Josephine Oma Fine, weil sie fast auch meine Oma ist. Sie hat wie Oma einen Kittel an, damit die Nachbarinnen wissen, dass sie bei der Hausarbeit ist. „Ich bin ja nicht zum Spaß hier!“, sagt Fine. Sie lacht so, wie ein Hund bellt. Fine hat sehr dicke Brillengläser und ein Brillengestell, das aussieht wie die Flügel vom Schmetterling. Sie bückt sich zu mir herunter, wenn sie mich anschaut, und kneift vorsichtig in meine Backe. Das tut überhaupt nicht weh. Oma Fine lacht. Ich muss auch lachen.

Auf dem Tisch am Fenster zum Vorgarten bauen die beiden Omas ein Spielbrett auf, das heißt „Ärgernich“. Oma und Fine fluchen und schummeln, obwohl man beides nicht darf. Sie erzählen von den Nachbarn, vom Familienfest und vom Fernsehen. Fine regt sich auf: „Haste det jesehen, wie die sich da im Krimi ablecken? Det hat et früher nich jejeben!“

Ich schaue nach Mieze und ihren Babys. Ich habe ihnen allen Namen gegeben. Sie machen schon ein kleines bisschen ihre Augen auf. Mieze schiebt ihren Kopf unter meine Hand und lässt sich ganz lange kraulen. Sie schläft ein. Die Kleinen nuckeln an ihrem Bauch und treten mit ihren winzigen Pfoten die Milch heraus. Nach dem Trinken stapeln sie sich zu einem kleinen Haufen aus Fell und schlafen wieder. Ich lege meine Hand auf das oberste Katzenbaby Teddi. Er ist warm und weich und ich kann den Atem in der Hand fühlen.

Die Omas in der Küche machen eine Spielpause. Oma mahlt Kaffeebohnen in der Mühle zum Drehen. Die presst sie an ihren Bauch, genau da, wo die Kuchenschüssel hingehört. Ich darf auch mal kurbeln, aber es geht sehr schwer. Das Kaffeepulver schütte ich aus der kleinen Holzschublade in den Kaffeefilter. Der steht auf Omas weißer Porzellankanne mit den goldenen Punkten. Omas Kessel pfeift, ich drehe das Gas aus. Einschütten darf ich das kochende Wasser nicht, das ist zu gefährlich für Kinder. Wenn der Kaffee durchgelaufen ist, setze ich den Schmetterling auf die Tülle, dann tropft die Kanne nicht beim Eingießen. Die Omas trinken Kaffee aus weißen Tassen mit goldenen Punkten und spielen eine neue Runde. „Jetzt lass ich dich aber richtig verkimmeln“, ruft Oma.

Ich gehe in die Stube. Hier hat Opa eine Sitzbank an die Wand montiert, darauf liegen Polsterkissen und Decken. Um den großen Tisch stehen viele Stühle. An der Wand steht ein großer Schrank. Hinter den Holztüren ist alles, was mit Essen zu tun hat: Tischdecken, Wachstücher, Teekannen, Untersetzer. In dem Schrank riecht es wunderbar muffig. Ich schaue alles genau an. Die vielen Teppichschichten sind mein sehr gemütliches Polster. Oma bedeckt auch die Tischplatten mit vielen Schichten. Unten liegt ein Wachstuch, darüber eine dünne Decke, dann kommt eine weiße Tischdecke. „Die weiße Decke ist für Gut“, sagt Oma. Obendrauf kommt noch eine Wachsdecke.

Der Hausflur heißt bei Oma Diele. Es gibt einen Schuhschrank zum Aufklappen, einen Frisierschrank mit Spiegel, eine Ablage für Omas Kleider- und Haarbürsten, Opas Frisiercreme und seine Kämme, eine Garderobe mit Hutablage, einen Regenschirmständer und einen Hocker mit Schuhanzieher. Ein Erwachsener kann sich hier nur vorsichtig drehen. Ich habe viel Platz.

Heute probiere ich Omas Schuhe an. Sie haben alle die gleiche Form: hinten schmal und vorne breit. Oma findet das sehr schade. Sie möchte lieber spitze Schuhe, aber da passen ihre Hühneraugen nicht hinein. Die Bürsten sind mit Blüten bestickt und duften nach Blumen. An die Hüte komme ich nicht ran. Opa benutzt Brisk, eine glänzende Pomade für seine Haare. Ich schmiere sie nicht in meine Haare, obwohl ich drankomme.

Auf einem Heizkörper im Zimmer hinter der Diele steht Opas kleine Kanne mit Blümchenkaffee. Oma sagt, Opa hat es mit dem Magen, er kann keinen richtigen Kaffee vertragen. Blümchenkaffee dürfen sogar Kinder trinken, aber leider schmeckt er überhaupt nicht. Schade, ich würde gerne mit Opa Kaffee trinken!

Ich darf Opas Milchsuppe auf dem Gasherd aufwärmen und mit Omas Holzlöffel anrühren. Sie schmeckt schrecklich. Opa tut mir leid, weil er nichts Leckeres bekommt. Ihm schmeckt die Suppe auch nicht. Er löffelt sehr langsam. Er löffelt und schluckt und löffelt und schluckt, bis nichts mehr auf dem Teller ist.

Opa hält nach dem Essen eine halbe Stunde Mittagsschlaf, Oma nickt schon in ihrem Sessel, ein Kreuzworträtsel auf dem Bauch. Ich muss still sein. Mir ist langweilig. Ich traue mich nicht, die geheime Schublade zu öffnen, weil sie quietscht. Ich verknote die goldenen Strippen vom Sofa.

Nach dem Schläfchen setzt Opa sich an die Orgel. Ich spiele auf dem dicken Teppich mit dem Porzellaneisbären und dem Auerhahn. Die Musik von Opa fühle ich im ganzen Körper. Opa guckt mich an und sagt: „Du bist ein musikalisches Mädchen!“

Mietshauskind

Wir haben ein neues Baby. Es ist mein Bruder, er war in Mamas Bauch. Papa hat mich von Oma abgeholt, und zu Hause war mein Bruder. Er ist sehr groß und sehr schwer. Eigentlich wollte ich eine Schwester. Mein Bruder hält meinen Daumen mit seiner Hand fest, ich glaube, er kennt mich schon. Jetzt bin ich eine große Schwester. Ich gebe ihn nicht mehr ab.

Mit meinem Bruder besuchen wir alle Nachbarn. Tante Laukamp ruft laut „Huhuuuu!", wenn wir vor der Tür stehen. Sie winkt, wir sollen reinkommen. Die Aschenbecher auf ihrem Wohnzimmertisch sind sehr voll, der Fernseher ist sehr laut. Tante Huhu hat keinen Mann, aber drei Kinder, die sind schon groß. Ulli geht schon zur Arbeit. Michael und Gabi kommen an den Tisch. Tante Huhu stellt Schnapsgläser vor uns hin, die sehen aus wie Eierbecher. Ich habe Sprudel, Michael und Gabi ausnahmsweise einen Schnaps.

Wir stoßen an. „Auf den neuen Erdenbürger!", ruft Tante Huhu. Sie findet, Michael und Gabi können ab und zu auf mich aufpassen, jetzt, wo das Baby da ist.

Michael sagt: „Mach mal die Arme hoch." Ich strecke die Arme hoch, er packt mich und wirft mich in die Luft. Ich quietsche und rufe „Nochmal!" Er wirft, ich stoße mit dem Kopf an die Lampe. Es tut aber nicht weh.

Mama kümmert sich dauernd um das Baby. Mir ist langweilig. Michael und Gabi sind in der Schule. Ich besuche Tante Müller in der Wohnung gegenüber. Tante Müller ist sehr alt und schläft oft. Wenn ich sehr lange klopfe, macht sie trotzdem auf. Sie macht Platz am Küchentisch, gießt Zitronensprudel in mein Kinderglas und legt eine Reihe Rosinen auf die Tischdecke mit den großen Blumen. Heute ist ein Mann bei ihr. „Er heißt eigentlich Willi“, sagt Tante Müller. „Aber jetzt heißt er Bill.“ Bill ist ihr Sohn aus Amerika. Er hat eine glänzende Uhr. Die bindet er um meine Hand. Ich recke meinen Arm hoch, damit sie nicht runterfällt. Sie rutscht bis an meine Schulter. Ich gehe mit dem Arm in der Luft durch die Küche.

„Die Uhr muss man niemals aufziehen“, sagt Bill, „in Amerika haben jetzt alle solche Uhren.“ Er schenkt Tante Müller die gleiche Uhr, nur in klein.

Ich bin jetzt ein großes Mädchen und gehe in den Kindergarten. Mein Gruppenfrollein heißt Mechthild und ist so wunderschön wie Schneewittchen in meinem Märchenbuch. Mein Kleiderhaken ist das Radieschen. Wenn im Kindergarten ein Kind Namenstag hat, sitzt es auf einem besonderen Stuhl und bekommt ein Geschenk. Das ist winzig klein und passt in eine Streichholzschachtel. Die Schachtel ist bunt. Wenn das Kind sie aufschiebt, singen wir ein Lied.

Ich habe leider keinen Namenstag. Das hat Schwester Hiltrud mir erklärt. Sie ist eine Nonne, hat ein schwarzes Kleid mit Haube an, und sie ist die Chefin. Sie hat im ganzen Gotteslob-Gebetsbuch gesucht, aber meinen Vornamen nicht gefunden.

Mama und Papa wollen ein Haus bauen. „Mit Kindern ist das nichts im Mietshaus“, sagen sie. Papa muss noch mehr arbeiten. Wir schauen uns an, wo unser richtiges Haus gebaut wird. Da sind Bagger, Sandberge, Matsch, Pfützen und andere Kinder. Ein Mädchen heißt Heidi, sie ist so alt wie ich. Wir kullern zusammen den Sandberg herunter. Wir treffen uns jeden Samstag, bis das Haus gebaut ist. Direkt neben unserem Haus ist das von Heidi. Wir spielen weiter auf den Sandbergen, unsere Mütter passen auf und die Väter arbeiten am Haus.

Das Haus ist fertig, aber man kann immer noch nicht darin wohnen, weil es noch nicht schön ist. Der Weg vom Mietshaus bis zum Kindergarten ist weit. Mein Bruder sitzt im Kinderwagen, der hat es gut. Papa hat mich einmal mit dem Auto zum Kindergarten gebracht. Dann hat er aber vergessen, mich abzuholen, weil er so viel arbeiten musste. Frollein Mechthild und ich haben ganz lange gewartet und ich habe nicht geweint. Sie hat mich in ihrem kleinen Auto zu unserem Mietshaus gebracht. Ich durfte vorne sitzen. Jetzt gehen Mama und ich wieder zu Fuß mit dem Kinderwagen.

Der Kindergarten ist nahe beim neuen Haus. Bald ziehen wir ein, dann können Heidi und ich ganz allein gehen, weil wir schon groß sind.

Heidi ist auch in meinem Kindergarten, aber nicht in meiner Gruppe, weil sie evangelisch ist. In den Pausen spiele ich mit Heidi. Sie hat auch keinen Namenstag. „Ihr Name steht zwar im Gotteslob,“ sagt Schwester Hiltrud, „aber, wenn man evangelisch ist, gibt es leider keinen Namenstag.“

Heidi und ich spielen Namenstag. Wir malen Streichholzschachteln bunt an und legen kleine Überraschungen rein. Eine sitzt auf einem geschmückten Stuhl. Erst singen wir, dann gibt es das Geschenk. Das Namenstagskind darf sich ein Spiel wünschen.

Mama und Papa machen alles für unseren Umzug ins Haus fertig.

Ich mache Urlaub bei Oma Rosi und Opa Heinrich.

Oma Rosi und Opa Heinrich

Oma und Opa wohnen mitten in der großen Stadt. Oma Rosi duftet nach Echt Kölnisch Wasser. Sie wünscht sich zu jedem Geburtstag Siebenundvierzigelf, damit sie immer so duftet. Oma hat rosa Strickröcke und ein Strickjäckchen an und darunter eine Bluse. Sie hat immer eine Rolle Bonbons in der Handtasche und weiße Taschentücher mit Häkelrand. Sie riechen nach beidem zusammen.

Opa Heinrich riecht nach der krümeligen roten Seife aus dem Bad und seinem Gesichtswasser aus einer weißen Flasche mit Sprüher. In der Wohnung riecht es nach allen Düften und Zigaretten.

Abends stellt Oma mich in eine Plastikwanne mit lauwarmem Wasser. Sie will mich mit einem Waschlappen abwaschen. Ich kann das aber schon alleine.

Nachts liege ich im Gästebett mit weißen Laken. Die Wanduhr tickt, die Kirchturmglocke schlägt die Uhrzeiten. Ins Schlafzimmer von Oma und Opa traue ich mich nicht. Mir ist kalt unter dem Laken. Ich warte auf den Morgen.

Morgens will Oma beim Anziehen im Schlafzimmer für sich sein. Ich darf Oma erst sehen, wenn das Mieder und die Strumpfhalter sitzen, dabei weiß ich von Oma Lieschen genau wie das geht. Weil es schwierig ist, muss Opa ihr helfen. Ganz kurz habe ich Oma im Nachthemd gesehen. Sie hatte ein Haarnetz auf dem Kopf. Sie ist ins Badezimmer geflitzt. Da ist sie sehr lange verschwunden.

Oma tut mir leid, ihr ist alles peinlich. Sie flüstert mit Opa über eine Operation am Leib. Ich weiß schon längst von Papa, dass Tante Erika die Gebärmutter rausgekriegt hat. Er hat bei Opas Geburtstag extra laut gefragt: „Echt? Alles aufgeschnitten, rausgeholt und wieder zugemacht?“ Oma wurde knallrot und Opa hat gelacht.

Immer warten wir auf etwas. Wir warten, dass Oma sich anzieht, dass wir losgehen können, dass wir ankommen, dass die Messe anfängt, dass sie zu Ende geht. Jede Viertelstunde schlägt die Uhr von Sankt Lamberti. Ich bin müde. In der Wohnung gibt es nichts zum Spielen. Ich stehe an der Balkontür hinter dicken Gardinen und schaue auf die Straße. Von hier aus sehen die Leute grau aus wie im Fernseher. Sie tragen Zeitungen oder Einkaufstaschen und schauen nicht zu mir nach oben. Sie gucken auf den Boden und wenn jemand kommt, nicken sie. Die Frau mit dem kleinen Hund kenne ich schon. Der Hund macht auf den Bürgersteig, die Frau schimpft. Ich möchte den Hund gern streicheln, aber ich darf nicht allein raus.

Opa Heinrich ist immer unruhig. Er geht oft alleine raus. Und er hilft Oma im Haushalt, er staubsaugt den Teppich. Oma kocht, Opa hängt nach dem Waschen die dicken Vorhänge wieder auf.

Opa macht alles sehr eilig. Ich will ihm helfen, aber er sieht mich gar nicht. Oma sagt, Opa ist in Gedanken. Ich glaube, er denkt beim Tischdecken schon ans Essen, beim Essen ans Abräumen, beim Abräumen ans Tischabwischen.

Opa war als junger Mann im Krieg und hat etwas Furchtbares erlebt. Seitdem hat er es mit den Nerven. Opa braucht extra große Tassen mit besonders großen Henkeln, weil seine Hände so stark zittern. Man darf nur ganz wenig einfüllen, damit er das Getränk nicht verschüttet. Opa hält seinen Arm mit der anderen Hand fest. Ich gieße ihm genau die richtige Menge ein und darf ganz oft nachschenken.

Oma und Opa sind sehr fromm. Vor dem Essen beugt Opa sich

über seinen Teller. Er macht ein sehr hastiges Kreuzzeichen und wird beim Beten immer schneller. „AlleraugenwartenaufdichohherrdugibstihnenspeisezurrechtenzeitduöffnestdeinehandunderfüllstalleswasdalebtmitsegenAMEN!“ Beim Kreuzzeichen packt Opa sein Besteck und hat den ersten Bissen schon im Mund. Ich übe das Gebet, wenn ich nicht schlafen kann. Ich will es so schnell aufsagen können wie Opa.

Sonntags gehen wir ins Hochamt im Dom, da predigt der Bischof. Das ist ein sehr wichtiger Mann. Oma ist sehr aufgeregt. Der Bischof hat ihr schon einmal die Hand geschüttelt. Oma hofft, er tut das nochmal. Dafür macht sie sich extra fein. Der Weg zum Dom geht durch die Innenstadt. Die Glocken vom Dom dröhnen uns entgegen. Der Weihrauch riecht süß. Mir ist schlecht. Oma hat Feffermünz, das hilft gegen Übelkeit. Sie erklärt mir, was der Bischof macht. Ich bekomme Feffermünz vor der Lesung, nach der Predigt, vor dem Glaubensbekenntnis und nach dem Vaterunser. Bei der Heiligen Kommunion gibt Oma mir die ganze Feffermünzrolle. Ich muss in der Bank bleiben und warten.

Am nächsten Tag besuchen wir Tante Mia. Sie ist Omas große Schwester. Sie ist genauso klein wie Oma und sieht genauso aus, nur lustiger. Oma wird auf dem Weg zu Mia richtig fröhlich. Mia lacht uns an. „Der Horst ist bei der Arbeit, wir können ungestört plauschen!“

Beide Schwestern lachen genau gleich. Zur Begrüßung trinken sie ein Schnäpschen. Oma hält ihre Zigarette neben der Wange hoch und sieht sehr fein aus.

Für mich gibt es Rosinenplätzchen und ein Eierlikörpinnchen zum Auslecken. Tante Mia hat einen Stapel Fernsehzeitschriften, die alle für mich beim Suchspiel aufgeschlagen sind. Ich kreise die winzige Maus in den Witzbildern mit Mias Kreuzworträtselbleistift ein.

Die Oma-Schwestern erzählen sich Geschichten und kichern. Ich muss auch kichern. Tante Mia sagt, ihre kleine Schwester war ein richtig flotter Feger. Meine Oma war ein Besenstiel. Ich muss lachen.

Morgens holt Papa mich ab. Auf seinem Arm muss ich ein bisschen weinen.

Reihenhauskind

Wir wohnen jetzt im neuen Haus! Es steht in einer Reihe mit vielen anderen Häusern. Sie sehen alle gleich aus. Vor und hinter unserer Reihe sind noch mehr Reihen. Wir können unser Haus an den Holzbalken erkennen, über die wir zur Haustür balancieren. Das ist sehr kippelig! Auf der Erde liegen Steine und Dachplane. Das wird mal unser Vorgarten. In der Reihe vor uns wohnen schon Familien. In unserer Reihe ist noch kein Haus richtig fertig. Neben uns wohnt Heidis Familie, die Diebalds mit Onkel Heini, Tante Renate, Heidi und Matthias. Heidis Bruder ist genauso alt wie mein Bruder. Auf der anderen Seite wohnen Frericks, das sind Onkel Franz und Tante Doris. Anja ist schon lange in der Schule. Silvia ist nur ein bisschen jünger als Heidi und ich, und Jens ist so alt wie mein Bruder. Frericks Haus ist das letzte in der Reihe. Sie haben den größten Garten und einen Zaun mit Törchen. Der Zaun hat gekreuzte Holzbalken, daran erkennen wir unsere Häuserreihe, wenn wir nach Hause kommen.

Fast alle Nachbarn haben Kinder, die so alt sind wie wir. Nachbarn leihen sich gegenseitig Mehl oder Eier fürs Backen und Leitern oder Bohrer zum Bauen. Die Mütter passen auf die Kinder auf, die Väter bauen am Haus.
Am Wochenende spielen wir „Bande“. Anja und Robert, die Großen, sind die Bestimmer. Kinder, die so alt sind wie ich, machen richtig mit. Die Kleinen spielen im Sand oder laufen uns hinterher. Anja und Robert teilen uns in zwei Gruppen auf, Heidi und ich sind fast immer bei Anja.

Eine Mannschaft versteckt sich, die andere sucht. Zwischen Baggern, Sandbergen und in den riesigen Betonrohren auf der Wiese von Bauer Hüsing haben wir viele gute Verstecke. Eigentlich ist es schon keine Wiese mehr. Als wir eingezogen sind, standen hier Pferde. Jetzt ist es eine Baustelle. Wir fesseln die Gefangenen mit Springseilen an einen Mast als Marterpfahl. So haben wir das in den Filmen von Winnetou gesehen.

In diesem Sommer fährt keine Familie in den Urlaub. Alle haben ihr Geld für das Haus ausgegeben und wollen es fertig bauen. Die Mütter schmieren Butterbrote und kochen Kaffee, die Väter laufen mit Zollstock und Hammer, Bleistift hinter dem Ohr und Nägeln im Mund herum. Sie tragen zu zweit schwere Sachen und machen zusammen Pause in Frericks Garten. Onkel Josef hat schon Rasen eingesät, da darf man nicht draufgehen. Tante Doris deckt den Tisch auf der Terrasse. Sie ist stolz auf ihren Kaffee, weil er besonders lecker schmeckt. Onkel Franz hat ein oranges Auto mit einem großen Bild von dieser Kaffeesorte. Damit fährt er zur Arbeit.

Wir Kinder bekommen Sprudel und Kekse auf einer anderen Terrasse. Die Mütter jammern, dass das ewige Putzen nicht aufhört. „Kaum hast du auf der einen Seite den Matsch weggewischt, trägt dir auf der anderen Seite einer neuen rein!“ Die meisten Kinder sollen sich nicht schmutzig machen. Wenn mein Bruder und ich dreckig sind, gehen wir durch den Keller in unser Haus. Dann bleibt der meiste Matsch auf dem Steinfußboden. Wir haben beim Spielen unsere alten Anziehsachen an, die schon ein bisschen kaputt sind, die Versausachen. Nach dem zweiten Versauen müssen wir etwas anderes spielen, sonst haben wir für den nächsten Morgen in der Schule nichts zum Anziehen.

Wir kullern mit den anderen Kindern um die Wette vom großen Sandberg runter. Bis zum Mittag schafft es niemand so schnell zu kullern wie Martin und mein Bruder. Die Mütter rufen zum Essen. Wir verabreden uns für nachmittags zum Verstecken und gehen mit Sand in den Kleidern, Haaren und Augen ins Haus.

Jedes Haus hat einen Partykeller. Darin feiern unsere Eltern Geburtstage. Sie trinken Alkohol und tanzen bis in die Nacht. Die Kinder dürfen abends im Wohnzimmer zusammen fernsehen, Flips und Salzstangen essen. Die Mütter schauen abwechselnd nach uns. Sie sind sehr lustig, kichern und haben rote Bäckchen. Wenn es spät ist, bringen die Mütter uns ins Bett. Dann gehen sie wieder tanzen.

Wenn mein Vater zu viel trinkt, kommt er erst morgens nach Hause. Er schafft es nicht mehr, die Treppe zum Schlafzimmer hochzugehen, meine Mutter geht runter. Sie findet es schlimm, wenn er besoffen ist. Meine Eltern streiten leise. Wir hören sie trotzdem. Mein Vater schläft mitten im Sprechen auf dem Sofa ein. Meine Mutter schleicht nach oben.

Morgens ist mein Vater grün im Gesicht. Meine Eltern sagen gar nichts. Mir schmeckt das Frühstück nicht, mein Bruder sieht blass aus. Mein Vater verschwindet im Bad und spuckt. Die Geräusche kenne ich. Wenn ich krank bin, muss ich auch spucken. Mein Vater ist aber nicht krank. Er sagt mit heiserer Stimme: „Wer saufen kann, der kann auch arbeiten." Er geht zur Arbeit, wir gehen zum Kindergarten.

Onkel Heini blinzelt mir zu und sagt: „Da hat der Papa einen über den Durst getrunken!"

Onkel Franz meint: „Der hat es gestern ein bisschen übertrieben."

Onkel Axel sagt: „Der Papa hat es richtig krachen lassen."

Manchmal, wenn jemand Hochzeit oder Namenstag hat, trinkt Papa mit den Kollegen bei der Arbeit ein Bier. Er kommt nicht zum Abendessen, weil er mit den Kollegen in die Wirtschaft geht. Da ist es sehr teuer, und wir haben eigentlich kein Geld. Meine Mutter macht beim Abendessen Scherze mit uns, aber wir merken genau, dass sie nicht fröhlich ist.

Mein Vater kommt erst zurück, wenn wir im Bett sind. Meine

Mutter weint und schimpft. Wir hören alles durch die Kinderzimmertüren. Er wollte das nicht, sagt mein Vater. „Das war nur, weil der blöde Kollege seinen Dreißigsten gefeiert hat!“ Er schämt sich fürchterlich, dass er das gute Geld versoffen hat. Er schwört: „Das war das allerletzte Mal.“ Das tut er uns nicht mehr an. „Versprochen, hoch und heilig!“

Wir spielen im Partykeller Unterwasserwelt. Wir wären von unseren Eltern ins Wasser gestoßen worden, hätten aber gelernt unter Wasser zu atmen. Jetzt hätten wir hier eine Höhle und viel zu tun. Auch die kleinen Brüder und unser Hund spielen mit. Sie tauchen in die kleinsten Höhlen und finden Schätze. Eine nette Frau wirft ab und zu etwas zu essen ins Wasser. Das ist meine Mutter, die uns Süßigkeiten bringt. „Kinder, es ist strahlender Sonnenschein, geht doch raus zum Spielen!“, sagt die nette Frau. Das geht nicht, wir leben ja hier unter Wasser. Es klingelt, meine Mutter lässt Ansgar herein. Ansgar ist in unserem Spiel der stärkste Kämpfer und heißt Harpune, wie seine Waffe. Er verteidigt uns gegen Raubfische und Piratenschiffe.

Wenn es regnet, gehe ich mit meinen Regensachen raus. Es ist still in unserer Straße, ich höre nur die Regentropfen auf der Kapuze und meine Gummistiefel in den Pfützen. Ich gehe allein, soweit ich kann. Jedes Mal treffe ich den Wurm Pillelick auf unserer Straße. Er kennt mich schon.

Silvia, Heidi und ich machen Ausflüge mit unseren Puppen. Heimlich sausen wir mit den Fahrrädern los, damit unsere kleinen Brüder nicht mitkommen. Wir haben Süßigkeiten und etwas zu trinken für ein Picknick im hohlen Baum eingepackt. Den kennen nur wir. Drinnen riecht es wunderbar modrig. Wir stecken unsere Vorräte durch ein Loch in den Stamm und klettern mit unseren Puppen hoch. Oben futtern und trinken wir. Im Baum schmeckt alles anders. Von oben können wir die große

Baustelle sehen. Die Straße ist fast fertig gebaut, bald können wir hier nicht mehr spielen. Ganz weit weg entdecken wir drei winzige Punkte. Unsere kleinen Brüder verfolgen uns mit den Kettcars. Gut, dass wir schon fast alles aufgegessen haben. Schnell klettern wir vom Baum und setzen uns mit den Puppen ins Gras.

Manchmal gehen Silvia, Heidi und ich bei Onkel Hansi und Tante Tina farbfernsehen. Sie klatschen in die Hände und freuen sich über unseren Besuch, sogar, wenn wir die kleinen Brüder mitbringen. Sie schenken uns Toffifee. Unsere Eltern kaufen das nie, weil es so teuer ist. Onkel Hansi setzt sich mit den Jungs auf den Boden und holt Bauklötze heraus. Tante Tina lässt uns mit Putzeimer, Gummihandschuhen, Schrubber und Wasser den Boden wischen. Danach bekommen wir wieder Süßigkeiten. Die Zeit bis zum Abendessen geht viel zu schnell herum. Dann müssen wir wieder nach Hause. Bald bekommen Tina und Hansi ein Kind vom Jugendamt. „Das ist ein angenommenes Kind“, sagen die Erwachsenen mit tiefer Stimme.

Onkel Heini

Diebalds sind zugezogen, genau wie wir. Meine Eltern kommen aus der Stadt, wo Oma und Opa wohnen, fast vierzig Kilometer entfernt. Wir sind Zugezogene. Von den anderen Familien in unserer Reihe haben schon die Omas und Opas in unserer Stadt oder auf Bauernhöfen in der Nähe gewohnt.

Die Nachbarn sagen das mit den Zugezogenen in der gleichen Stimme wie das mit dem angenommenen Kind. Ich merke mir alles, was Erwachsene in komischer Stimme sagen. Onkel Franz sagt: „Zugezogen heißt, man ist woanders her, aber nicht aus dem Ausland. Manche Familien kommen von weit her, aus Schlesien, das sind Vertriebene."

Heidis Vater Heini meint: „Ich bin ein waschechter Bayer." Mit vierzehn Jahren ist Onkel Heini zur Bergbaulehre ins Ruhrgebiet gekommen. Er sagt „gell" und rollt das „r". „Ich bin halt bayrisch und das bleibt für immer!", erklärt er. Er sagt auch „relativ" und „quasi", aber das sind schlaue Wörter, kein Bayrisch.

Heidi ist meine beste Freundin, Matthias ist der beste Kumpel von meinem Bruder. Wir spielen und essen oft bei den Nachbarn. Unsere Mütter trinken zusammen Kaffee. Unsere Väter finden den gleichen Politiker gut. Sie verteilen Postkarten mit seinem Gesicht drauf. Heidi und ich malen ihm einen Schnurrbart. Onkel Heini wird richtig wütend. Unsere Väter streiten manchmal und sprechen tagelang nicht mehr miteinander. Wenn mein Vater seine Bohrmaschine nicht findet, meckert er: „Die hat bestimmt der Diebald!" Onkel Heini macht das nebenan genauso.

Renate geht jeden Samstag früh zur Arbeit. Heini küsst sie an der Haustür zum Abschied und sagt: „Jetzt zeige ich meine

Qualitäten als Hausmann!“ Seine Stimme ist so laut, dass mein Bruder und ich es in unserer Küche beim Frühstück hören können. Onkel Heini lädt uns zu Rührei mit Spinat und Kartoffelbrei ein, wenn wir wollen. Wir wollen immer.

Onkel Heini steht mit rotweiß-karierter Kochschürze am Herd. Heidi, Matthias, mein Bruder und ich sitzen auf der Eckbank am Esstisch. Heini saugt Luft ein und singt mit voller Lautstärke: „Nnnnnnosoooolemioooo!“ Onkel Heini schlägt Eier in einer Schüssel auf, bedient verschiedene Gewürzstreuer, verquirlt alles mit einem Schneebesen, lässt es in die Pfanne gleiten und singt dazu: „Nnnnnche beeeeella cooosaaaaa...“ Heini rührt den schmelzenden Tiefkühlspinat in dem einen Topf, würzt den Kartoffelbrei in dem anderen nach und schabt mit dem Pfannenheber über den Pfannenboden, damit das Rührei nicht anbrennt.

Er wirft drei bunte Untersetzer wie Frisbees auf die Tischplatte vor uns, stellt mit Schwung die heißen Kochbehälter darauf und macht eine tiefe Verbeugung. Er singt: „Nnnnno sole, o sole mio, sta ‚nfroooonte a teeeee!“ und lässt sich auf seinen Platz fallen. Mit normaler Onkel-Heini-Stimme wünscht er „Guten Appetit!“ und verteilt das Essen direkt aus den Töpfen.

Am Ende der Mahlzeit betteln mein Bruder und ich: „Onkel Heini, singst du das Rockitocki-Lied?“

Onkel Heini sagt, der alte Gassenhauer ist sein Markenzeichen. Onkel Heini erfindet das Lied jedes Mal neu. Dramatisch fängt er an: „Nnnndas alte Haus von Rocky Docky hat vieles schon erlebt, kein Wunder, dass es zittert, kein Wunder, dass es bebt. Die Kinder sitzen auf der Eckbank und essen den Spinat, was gibt es heut‘ zum Nachtisch, das ich euch nicht verraaaat‘!“

Mein Bruder und ich klatschen. Heidi und Matthias sehen stolz aus. Heini singt noch mehr Strophen und Refrains. Die Jungs wissen, was es zum Nachtisch gibt. Onkel Heini zaubert eine Packung Schiebeis aus dem Kühlfach hervor, ein Wassereis, das wir so gern aus der Plastikhülle schieben. Jeder bekommt einen schmalen Schlauch mit Himbeer- oder Waldmeistergeschmack. Wir nuckeln die Farbe aus den eisigen Stangen, bis sie nur noch aus durchsichtigem Eis bestehen. Vom Spielteppich im Wohnzimmer aus beobachten wir, wie Onkel Heini abräumt, den Tisch abwischt, das Kochgeschirr abspült und die Spülmaschine einräumt.

Heini sagt, dass er sich diese Errungenschaft nur leisten kann, weil die gute Reni so fleißig schaffen geht. Diebalds haben sogar ein Telefon. Mein Vater ist neidisch, aber er will nicht, dass meine Mutter arbeiten geht. Ich glaube, er hat Angst davor, weil er nicht kochen kann. Immer wenn er bei den Nachbarn telefonieren geht, sagt er: „Als Nächstes kauf ich uns ein Telefon!“

Onkel Heini drückt den Startknopf des Spülprogramms. Unsere Mütter würden jetzt in Ruhe einen Kaffee trinken und vorschlagen, dass wir Kinder in unsere Zimmer oder nach draußen zum Spielen gehen. Onkel Heini lässt sich bei uns im Wohnzimmer auf das Sofa plumpsen und fragt: „Habt ihr eigentlich gewusst, dass es echte Hexen gibt?“

Wir knubbeln uns auf dem Teppich zusammen und rufen: „Neee!“, „Stimmt gar nicht!“, „Wo denn?“

Mit tiefer Stimme erzählt Heini uns eine Geschichte. Immer beginnen die Geschichten im Wald und enden mit etwas ganz Grauslichem. Einmal verschwanden zwei Mädchen in einem Weiher, ein anderes Mal fing ein böser Zauberer als Familienvater verkleidet kleine Jungen. Heute wohnt eine echte Hexe in einem schwarzen Haus, verwandelt sich in eine junge hübsche Frau und lockt spielende Kinder an. Am Ende schläft Heini vor Erschöpfung auf dem Sofa ein. Bald kommt Tante Renate nach Haues. Sie will nach dem anstrengenden Arbeitstag meistens einen Moment ihre Ruhe haben. Wir gehen rüber in unser Haus, Winnetou gucken.

Robert hat gesagt, dass wir es heute Abend genauso spielen wie im Fernsehen. Beim letzten Mal hat Ansgar mich in der Sonne am Marterpfahl vergessen. Mein kleiner Bruder musste mich mit seinem Taschenmesser befreien. Wir müssen beim Fernsehen genau aufpassen und dürfen nicht an den spannendsten Stellen die Augen zukneifen. Wir wollen ja alles genau nachspielen.

Tante Elli

Einmal in der Woche trifft sich meine Mutter mit ihrer besten Freundin Elli. Meistens fahren wir zu Elli. Bei ihr auf dem Land im kleinen Kotten ist es einfach am schönsten. Wir sind fünf Kinder, ich bin die Älteste. Wir freuen uns jede Woche aufeinander – zu fünft haben wir immer die besten Ideen. Auf dem Weg zu Elli erledigen wir den Großeinkauf für die Woche. Elli und ihre drei machen es genauso, wenn sie uns besuchen.

„Dann können die beiden nicht über versäumte Hausfrauenpflichten meckern", sagen unsere Mütter.

In Ellis kleinem Kotten bricht ständig etwas zusammen und muss erneuert werden. Elli reißt Wände ab, baut neue Wände ein, sie renoviert Böden, beizt, ölt und streicht alte Möbel. Manchmal verkauft sie die Stücke mit Gewinn, meistens verliebt sie sich und behält ihre Schätze. Auch die Kinderzimmer kriegen immer neue Formen und Größen. Bei jedem Besuch entdecken wir etwas Neues.

Elli nimmt immer wieder verlassene Tiere auf. Der Setter Sam mit Herzfehler schaut mich aus dunkelbraunen Augen an und versteht alles. Ich sage ihm, wie sehr ich mir einen Hund wünsche. Sam lebt nicht mehr lange. Auch Agnes, die Boxerhündin mit Staupe, stirbt nach kurzer Zeit bei Elli.

Pony Snoopy kommt zu Elli, weil niemand ihn in der Herde mochte. Allein fühlt sich Snoopy auf der Weide hinter dem Haus auch nicht wohl. Er schnappt nach uns, weil er nicht versteht, dass wir seine Freunde sein wollen. Nicht einmal der Ziegenbock Clemens mag ihn, obwohl er selbst einsam ist, weil er furchtbar stinkt. Für Snoopy findet Elli einen Gnadenhof vom Tierschutzverein, Clemens kommt auf einen Ferienhof mit Streichelzoo.

Arthur und Ronald sind einjährige Brüder, die schon uralt

aussehen. Sie sind Bassethunde. „Diese Rasse ist gerade groß in Mode“, sagt Elli. Der Besitzer wusste aber nicht über die typischen Probleme von Bassets Bescheid und hatte schnell die Nase von ihnen voll. Bei Elli dürfen die beiden bleiben. Wenn sie ihre dicken Köpfe schütteln, gehen wir vor der schleimigen Dusche in Deckung. Die langen Schlappohren der beiden sind völlig ausgefranst. Sie treten beim Gehen mit den eigenen Pfoten drauf.

Nach dem Ankommen begrüßen wir alle Tiere. Danach setzen die Frauen sich vor das Kaminfeuer im Wohnzimmer. Sie rauchen, trinken Kaffee und manchmal einen Sherry. Sie sprechen über die Ehemänner. Beide Väter sind nicht sehr begeistert von unseren wöchentlichen Treffen. Aber unsere Mütter und wir würden nie darauf verzichten, egal, wie sehr sie meckern. Obwohl wir gerne wissen würden, was unsere Väter verbockt haben, belauschen wir unsere Mütter nicht, wir müssen los.

Als Erstes klettern wir auf die verbotenen Gebäude, weil die Frauen sich jetzt ganz sicher nicht vom Kaminplatz wegbewegen. Der Heuboden der großen Tenne und das Dach der kleinen Scheune im Hof sind streng verboten. Hoch oben besuchen wir Katzenbabys, die übereinander klettern und sich zum Fellknäuel verknoten. Wir stiefeln durch lockeres Heu auf den morschen Holzbalken.

Wir suchen noch mehr Mutproben. Cordula und ich sprechen ganz ruhig mit der Kuh des Nachbarn, mein Bruder und Matze melken sie, Judith trinkt direkt aus dem Euter. Wir pflücken Rüben vom Feld und essen sie auf dem Hochsitz im Wa8ld. Matze reitet für ein paar Sekunden den Eber auf der Schweinekoppel von Bauer Bönning.

Ellis Mann heißt eigentlich Heinrich, aber Pilo ist das plattdeutsche Wort für Schnaps, und so nennen ihn alle. Onkel Pilo hat einen Landhandel und lange Arbeitstage. Wenn wir ihn an seinem Arbeitsplatz besuchen, setzen sich die Mütter auf eine Zigarette und einen Kaffee in Pilos Büro neben der Laderampe, das aussieht wie der Postschalter im Dorf Uhlenbusch aus dem Fernsehen. Wir Kinder klettern auf Berge von Säcken mit Kaninchenfutter und Holzstreu. Die Mischung duftet wie nichts anderes, das wir kennen. Leider regt Pilo sich furchtbar auf, wenn wir versehentlich einen Sack aufritzen. Einen kaputten Sack kann er nicht verkaufen, und Pilo und Elli haben immer zu wenig Geld, genau wie wir. Die Besuche bei Onkel Pilo sind wegen dieser Unfälle leider sehr selten. Mein Bruder und ich klauen aus den kaputten Säcken manchmal ein Stückchen Hundeschokolade, Frolic-Kringel oder etwas Kaninchenfutter. Es schmeckt nicht so wie Menschenessen.

Onkel Pilo repariert immer ein paar alte Autos, sie stehen unter der großen Remise neben dem Haus. Die Jungs rutschen hinter das Steuerrad, Judith setzt sich auf den Beifahrersitz und hängt die Füße aus dem offenen Fenster. Sie machen Fahrgeräusche, legen sich in Kurven und spielen Autorennen. Cordula und ich werden beinahe überfahren. Wir klettern durchs kaputte Fenster auf die Rückbank, machen auch Fahrgeräusche und werfen uns in die Kurven.

Am Ende des Tages rufen uns die Mütter wie immer ins Haus: „Nur noch eine Zigarette, dann geht es nach Hause!“ Wie immer verschwinden die Jungs sofort, ohne einen Mucks. Einmal saßen sie in einem Abstellraum und schnitten sich mit einer winzigen Schere gegenseitig die Wimpern ab. Seitdem haben die zwei einen stechenden Blick. Ein anderes Mal haben wir uns alle weggeschlichen, um noch kurz nach dem Laich in der Schlammpfütze zu gucken. Mein Bruder und Matthias blieben beide mit einem Stiefel darin stecken. Wir haben zugesehen, wie ein blauer und ein grüner Gummistiefel ganz langsam versunken sind, bis nichts mehr zu sehen war. Da mussten unsere Mütter lange suchen.

Die letzte Zigarette ist geraucht, meine Mutter ruft. Die Jungs nicht mehr da. Wir suchen überall im Haus. Da sind sie nicht. Die Mütter werden hektisch. Die Bassets im Hof bellen mit ihren tiefen Stimmen. Wir gehen nach draußen. Arthur und Ronald hopsen auf den dicken Vorderpfoten auf und ab und bellen zum Scheunendach hoch. Ganz oben auf dem First sitzen mein Bruder und Matthias. Sie streichen sich gerade gegenseitig die Haare an. Die Farben und Pinsel hatte Pilo vorbereitet, um das Scheunentor zu weißeln.

Die Mütter werden ganz ruhig. Sie schimpfen kein bisschen und sprechen sehr leise. Sie versprechen Süßigkeiten und sagen, dass sie nicht sauer sind. Jetzt bekomme ich auch Angst.

Die Jungs schaffen es heile nach unten, die Mütter lachen und weinen durcheinander, Elli zieht Matthias am Ohr und meine Mutter schluchzt einmal richtig laut.

Nie, nie wieder dürfen sie darauf, sagen Elli und meine Mutter, das müssen sie schwören. Sie schwören. „Das Dach ist so alt und morsch“, sagt Elli, „es ist ein Wunder, dass sie nicht abgestürzt sind.“ Jetzt müssen wir auch ein bisschen weinen. Wir haben viele gute Ideen, um die Farbe aus den Haaren zu bekommen. Aber es hilft alles nichts, noch nicht einmal Terpentin oder Nitroverdünnung.

Elli schneidet die weiß lackierten Haare mit einem Rasiermesser nahe an der Kopfhaut ab. Die Jungs halten still und schauen sich die ganze Zeit gegenseitig an.

Am Ende sehen sie fast gleich aus. Mein Bruder sieht aus, als ob er weinen müsste. Matthias streicht ihm über den Kopf. „Fühlt sich an wie Maulwurfsfell!“, sagt er. Mein Bruder fühlt nach. Er grinst. Jetzt wollen alle mal anfassen. Cordula fängt an zu lachen, dann laufen uns allen die Tränen runter. Elli gackert: „Jetzt seid ihr im Partnerlook! Echt modern!“

Mariengrund

Heidi und ich sind jetzt Schulkinder! Am ersten Schultag haben wir riesige Schultüten mit Süßigkeiten, Stiften und schönen Sachen drin. Unsere Grundschule gehört zur katholischen Gemeinde Mariengrund. Heidi darf in meine Klasse gehen, obwohl sie evangelisch ist. Wir üben den Weg zur Schule gemeinsam und sitzen in der Klasse nebeneinander.

Fast alle Kinder aus unseren Reihenhäusern gehen in unsere Schule. Zwei Jungen aus der Nachbarschaft aber nicht. Sie lauern uns morgens an der Ecke auf und schubsen uns. Deshalb heißen sie Ärgerjungs. Heidi und ich gehen einen großen Umweg und kommen zu spät. Wir dürfen niemals sagen, was passiert ist, sagen die Ärgerjungs. Sie finden und verprügeln uns.

Heidi und ich planen eine Falle: Einen Eimer mit eiskaltem Wasser, den wir an einem Gerüst aufhängen. Wenn wir an einem Strick ziehen, kippt das Wasser auf die Ärgerjungs. Wir wissen, dass wir so etwas nie bauen könnten. Wir gehen immer früher los und hoffen, dass die Jungs unseren neuen Weg nicht herausfinden.

Wir haben einen Hund! Er heißt Raudi und ist ein Cockerspaniel. So hat Pilo ihn genannt, eigentlich hieß er Chico vom Kiepenkerl. Ein Mann hat ihn bei Elli abgegeben. Er war sehr selten zuhause und der Hund hatte solche Angst alleine, dass er Möbel und die Haustür kaputt gemacht hat. Einen ganzen Nachmittag lang lag ich mit Raudi im Arm bei Elli auf der Tenne. Er hat Augen wie Sam und versteht mich genau. Elli hat uns Körbchen und Leine geliehen, wir haben ihn in Pflege genommen. Bei uns ist immer jemand zuhause. Raudi hat meinen Vater überzeugt. Er darf für immer bei uns bleiben.

Nachts schläft er in einem Körbchen in der Küche. Mein Bruder legt sich morgens dazu, er passt richtig gut mit rein. Ich gehe nach der Schule mit Raudi auf dem Schulweg spazieren. Wenn er bei mir ist, kommen die Ärgerjungs nie aus dem Haus, sie haben bestimmt Angst vor Hunden.

Raudi buddelt in den Sandbergen und trinkt aus dem kleinen Bach am Weg. Seine Leine binde ich mir um den Bauch. Wenn ein Kaninchen kommt, lege mich schnell auf den Boden, sonst wirft er mich um, wenn er losrennt. Ich habe eine besondere Jacke zum Spazierengehen, die ist vorne schon ganz zerkratzt.

Unsere Lehrerin Frau Klostermann weiß alles. „Ihr alle seid sehr schlau!", sagt sie. Wir lesen in der Fibel. „Ute ist im Haus. Uli ist im Haus. Waldi ist im Haus." Frau Klostermann schreibt mit wunderschöner weißer Schrift Buchstaben an die grüne Tafel. Wir schreiben alles auf den Schreibblock ab. Wenn wir fertig sind und andere Kinder noch Zeit brauchen, dürfen wir die Bücher in dem Regal an der hinteren Wand anschauen. In meiner Schultüte hatte ich das Schreibschriftbuch „Fridolin die kleine Maus". Das möchte ich bald alleine lesen.

Nach der Schule gibt es Mittagessen. Mein Vater kommt in der Mittagspause mit dem Fahrrad nach Hause. Er kann zwar bei der Arbeit essen, aber das Essen von meiner Mutter schmeckt viel besser als das in der Kantine. Nach dem Mittagessen machen wir Hausaufgaben am Küchentisch. Mein Bruder sitzt neben mir auf der Eckbank und tut alles, was ich tue. Ich darf keine Blätter aus meinem Schreibblock reißen, deshalb gibt meine Mutter ihm eigene. Er will genau solche Linien wie ich. Meine Mutter zeichnet mit Kuli Linien auf die Blätter. Meine Wachsmalkreiden darf er benutzen. Wir sprechen mit, genau wie Frau Klostermann: „Große Welle, kleine Welle." Obwohl er ein Kindergartenkind ist, schafft er den Buchstaben A in Schreibschrift, genau wie ich. Ich glaube, er ist auch sehr schlau.

In der Schule spielen wir in den großen Pausen jetzt immer mit dem langen Springseil „Teddibär dreh dich um“, Gummitwist und Klatschspiele. Dazu singen wir „Oh Mannimannimei, Makkaronifutschdei, Futschideideidei, Papageigeigei“.

Die großen Mädchen stellen sich mit dem Rücken zur Wand, ein Mädchen stellt sich den anderen gegenüber und geht immer auf die Gruppe zu und wieder zurück. Sie singen „Zehntausend Manne, die zogen ins Manöver. Bei einem Bauer, da ließen sie sich nieder. Der Bauer hat eine wunderschöne Tochter. Wie soll sie heißen, die wunderschöne Tochter?“

Alle kichern. „Petra soll sie heißen, die wunderschöne Tochter.“

„Wer soll sie haben, die wunderschöne Tochter?“

Alle kichern. „Martin soll sie haben, die wunderschöne Tochter.“

Da sagt der Martin: „Dann will ich sie mal nehmen.“

Petra strahlt. „Da tanzen beide den allerletzten Walzer.“

Das wiederholen sie mit allen Namen, bis kein Mädchen mehr übrig ist.

Nach den Ferien singen wir das Lied. Die großen Mädchen sind in die nächste Schule gekommen.

Wir haben einen neuen Lehrer. Herr Mauser kommt aus Bayern wie Onkel Heini, aber er ist nicht so nett. Herr Mauser trägt Anzüge wie Opa Johann, seine schwarzen Haare kämmt er auch wie Opa Johann mit Pomade nach hinten. Beim Sprechen beißt er seine Zähne aufeinander, sogar, wenn er lächelt. Nett ist er nur zu den Mädchen, die gut rechnen können. Ich habe Angst vor ihm. Beim Kopfrechnen müssen wir aufstehen. Wer eine Aufgabe richtig gerechnet hat, darf sich hinsetzen. Bernard weint schon beim Aufstehen. Er bleibt immer als Letzter stehen. Wenn wir schreiben, geht Herr Mauser herum und schaut über unsere Schultern. Wenn er hinter mir steht, kann ich kein

Wort mehr schreiben. Wir müssen mit geradem Rücken sitzen, sagt Herr Mauser, und nicht so wie Ute mit der Nase schreiben. Er schubst Ute von hinten so an, dass ihre Nase auf den Tisch stößt. Die Tränen tropfen auf das Blatt. Jetzt muss sie alles nochmal schreiben.

Herr Mauser wirft Tabletten aus seiner Hand in den Mund. Unsere Eltern sagen: „Herr Mauser hat Schmerzen, deshalb wird er leicht ungeduldig." Wir hoffen, dass die Schmerzen schnell weggehen.

Oft spielen wir Fangen mit den Jungs aus unserer Klasse. Wenn jemand „Jungs die Mädchen!" ruft, fangen sie uns und zerren uns in die Jungentoilette. Bei „Mädchen die Jungs!" ist es genau umgekehrt. Nach der Pause sind wir verschwitzt und aufgeregt.

Wir schreiben Liebesbriefe an die Jungs, in die wir verknallt sind, mit Glanzpulver drauf. Nach dem Klingeln flitzen wir in den Klassenraum zurück und verstecken die Briefe in den Etuis der Jungen. Wenn wir erwischt werden, gibt es Ärger. Auch die Jungs schreiben uns. Heidi ist in Olli verknallt, ich in Tommi.

Uromas Geburtstag

Heute wird Uroma unglaublich alt, fünfundachtzig Jahre. Sie hat groß eingeladen und die Gaststätte Heintze für uns gemietet. Während der Autofahrt nach Bottrop erzählt meine Mutter von ihren Sommerferien mit der Familie in der Kindheit: „Die Heti, die kennt ihr ja, das ist Omas kleine Schwester, meine Lieblingstante, die Mutter von Margret, meiner Lieblingscousine." Mein kleiner Bruder pult an dem Loch in der hinteren Sitzbank, ich versuche mir alles zu merken.

„Die waren ja sechs, die Kinder von Uroma", erklärt meine Mutter, „die Else, dann kamen Fritz und Erich, der Alfred ist ja gefallen, und den Willi, den haben sie angenommen." Das mit dem Gefallenen verstehe ich nicht, aber es geht schon weiter. „Und dann waren da noch das Lieschen, also eure Oma, und meine Tante Heti. Die Kinder von Else, meine Cousinen, das sind ja die Helma und die Erna. Davon die Männer sind Lutz und Eugen, die kennt ihr doch noch."

So ganz genau kennen wir sie eigentlich nicht. Die Männer sehen alle gleich aus, sind sehr dick, rauchen Zigarren, trinken Schnaps, essen riesige Mengen und lachen sehr laut. Die Frauen sehen sich auch sehr ähnlich, sie sehen alle ein bisschen aus wie Mama, Oma und Uroma, nur in dick und manche sehr doll geschminkt. Sie rauchen Zigaretten, trinken Eierlikör, essen riesige Mengen und lachen sehr laut.

Mein Bruder und ich gucken aus dem Fenster. Die Häuser in den engen Straßen werden schon grauer. Jetzt sind wir bald bei Uroma, bei ihr sind die Häuser vom Ruß fast schwarz.

Meine Mutter fragt: „Wisst ihr noch, wie letztes Mal die Ramona verschwunden ist?"

Ja, jetzt weiß ich es wieder. Beim letzten Besuch in Uromas Küche war da ein sehr kleines Mädchen, ein Enkelkind von einer der vielen Cousinen von Mama. Und dann war es plötzlich nicht mehr da. Alle haben nach Ramona gerufen und sogar außerhalb der Wohnung gesucht. Mein kleiner Bruder hat die Kleine am Ende gefunden. Sie war von der Eckbank gerutscht und lag friedlich schlafend mit dem Daumen im Mund unter dem großen Küchentisch. „An Ramona kann ich mich auch erinnern", sagt mein Bruder.

Wir sind da und finden einen Parkplatz genau vor der Kneipe. Im Gastraum am Tresen hocken Lutz und Eugen, Schwiegercousins von meiner Mutter. Sie sitzen auf wackeligen Barhockern, die unter ihrem Gewicht schwanken, drücken meine Mutter an sich und rufen fröhlich: „Mensch Mädchen, wat bisse dünn!". Sie bestellen „Drei Pils, drei Korn, also dreimal Herrengedeck". Mein Vater bekommt ein Herrengedeck und kräftiges Schulterklopfen.

Meinem Bruder klopfen sie heftig auf den Kopf. Er macht eine Schnute. Als einer der beiden etwas von Indianerschmerzen sagt, reißt er sich schnell zusammen. Mir kneifen sie in die Wange und schreien ins Ohr: „Nettmädken bisse geworden!". Genau wie Lutz und Eugen begrüßen uns alle anderen Verwandten. Weil mein Vater so viel Pils und Korn trinken muss, fährt meine Mutter später nach Hause. Mein Vater hat extra so eingeparkt, dass sie nachher vorwärts losfahren kann.

Hinten in Heintzes Festsaal stehen viele Frauen mit Kindern und Enkeln, die alle ein bisschen aussehen wie Mama und Oma in dick. Uroma, das Geburtstagskind, sitzt an einem sehr langen Tisch, guckt etwas verloren und sieht irgendwie komisch aus. Jetzt merke ich: Sie trägt ihre dicke Brille nicht – und auch keinen Kittel! Ihr weiß getupftes Kleid ist blauer als sonst und der kleine Dutt aus dünnem grauem Haar ist besonders straff, kein Haar hängt raus. Uroma trägt eine Brosche und einen extra Ring mit Perle am Finger, also nicht nur den doppelten Ehering, der wie mit der Hand verwachsen aussieht.

„Gehma bei die Uromma und gib der dat feine Händchen“, sagt eine der vielen Cousinen zu meinem Bruder. Vor Schreck gehorcht er. Ich gratuliere genauso. Die Cousinen loben meine Mutter für ihre artigen Kinder. Wir geben Uroma unsere selbstgebastelten Geschenke. Von meinem Bruder bekommt Uroma einen Marienkäfer aus getropftem Wachs, von mir ein selbstgemaltes Pferdebild aus Filzstift.

Jetzt nimmt Uroma eine bunte Serviette vom Tisch, zupft zwei Stückchen ab, leckt ihre Zeigefinger an und klebt zwei bunte Papierfetzchen darauf. Mein Bruder und ich quetschen uns auf einen Stuhl neben Uroma. Jetzt ist sie wie immer.

Uroma zeigt uns einen Zaubertrick, unser Lieblingsspiel. „Es saßen zwei Täubchen auf dem Dach“, raunt sie, und ihre Papierschnipselfinger tupfen auf die Wachstischdecke. Mit geheimnisvoller Stimme geht es weiter: „Das eine fliegt weg, das andere fliegt weg.“ Die Hände fliegen hoch. Die Papierschnipseltauben sind verschwunden! „Das eine kommt wieder, das andere kommt wieder.“ Nacheinander landen die Tauben wieder! „Es sitzen zwei Täubchen auf dem Dach ...“

Alle Kinder stehen um uns herum. Wir strengen unsere Augen enorm an, aber wir können das Rätsel der Täubchen nicht lösen.

„Nochmal!“, rufen die anderen Kinder. Uroma fängt von vorne an.

Die Cousinen kreischen meiner Mutter ins Ohr: „Mädchen, du bist hässlich vor Magerkeit! Gibt’s denn im Münsterland nix Anständiges zu essen?“ In dem Moment fahren Heintzes die Suppenschüsseln herein.

Die Verwandtschaft geht an die gedeckten Tische. Wir sitzen zusammen mit Oma und Opa, Onkel und Tante. Jetzt geht es los mit der Suppe. Sie ist kochend heiß. Ich mag keinen Eierstich, mein Bruder keine Markklößchen. Wir tauschen. Dabei kleckern wir ein bisschen. Keiner schimpft. Alle essen. Es ist ganz still, nur die Löffel klackern. Es gibt noch mehr Suppe. Mein Bruder und ich sind schon satt.

Heintzes fahren Platten mit Schweinebraten, Rotkohl und Erbsen-Möhren-Gemüse herein, dazu gibt es RIESIGE Schüsseln mit Salzkartoffeln und Soße. Die Frauen geben das Essen in RIESIGEN Portionen auf die Teller. Uroma sitzt an ihrem Tischende. Sie spachtelt wie die anderen Erwachsenen. Mir ist ein bisschen langweilig. Ich versuche mit meiner Serviette den Täubchen-Trick. Ich kriege es nicht hin.

Die Erwachsenen essen. Sie essen und essen. Sie nehmen nach. Sie trinken. Sie reden immer lauter, über die Tische hinweg. „Boah der Eugen, der hat dat sechste Stück Braten, meinste dat sieht man dem Kerl an, dat der so essen kann?" Ich finde schon. Das sage ich aber lieber nicht.

Zum Nachtisch gibt es Herrencreme. Das hört sich komisch an. Mein Bruder und ich tauchen vorsichtig die Löffel in die wabbelige Speise. Uääääh. Alkohol. Mein Bruder lässt sich unter den Tisch gleiten. Ich trau mich nicht, hinterher zu rutschen und übe nochmal den Täubchentrick. Es klappt nicht.

„Der Lutz hat die fünfte Schüssel Herren-Creme geschafft!", schreit ein Cousin. Die anderen Männer feiern ihn mit einer neuen Runde Herrengedeck. Mir ist jetzt richtig langweilig.

Mein Bruder taucht nach seiner Expedition plötzlich gegenüber meiner Mutter wieder auf und schreit: „Guck mal Mama, die Helma die hat ein Bein wie du drei!"

Um ihn herum fangen alle an zu lachen, zuerst an unserem Tisch und dann in der ganzen Runde.

Wir schleichen mit roten Wangen aus dem Festsaal nach vorne in den Schankraum. Hier steht der Flipper. Viele von den anderen Kindern sind auch schon hier. Ein betrunkener Onkel wirft immer wieder fünfzig Pfennig nach, damit wir die Kugel durch die klackernden Hindernisse schießen können.

Allein können die meisten von uns die Maschine noch nicht bedienen. Dazu müssten wir beide Seiten mit den Händen erreichen, so lange Arme haben wir aber nicht. Wenn wir zu zweit auf Kommando von beiden Seiten aus drücken, klappt es. Alle beobachten, wie die Kugel flitzt. Zwischendurch gehen wir zum Erdnussautomaten. Einer der vielen Onkels gibt uns zehn Pfennig. Wir stecken die Münzen in den Schlitz und drehen den Hebel, bis die roten Nüsse unten aus der Klappe rutschen. Unter dem klackernden Flipperautomaten essen wir die Beute.

Heintzes rollen die leeren Essensschüsseln und Teller aus dem Festsaal. Die Erwachsenen bestellen eine Getränkerunde nach der anderen, im Schankraum zapfen Heintzes ohne Pause. Wir schauen der Wirtin beim Zapfen zu. Ein älterer Cousin bestellt sich mutig eine Regina. Das ist ein fies schmeckender roter Sprudel, der auf Uromas Rechnung geschrieben wird.

Jetzt rollen Servierwagen mit großen Torten an uns vorbei in den Festsaal. Wir gehen hinterher. Bei den Verwandten probieren wir uns durch viele verschiedene Sahneschnitten. Sie schmecken alle gleich, nach Sahne und Zucker mit einem Schuss Alkohol. Die anderen Kinder gehen zurück zu Nüssen, Regina und dem Flipper.

Ich setze mich an einen leeren Platz, ruhe mich etwas aus und falte eine Serviette. Dabei beobachte ich meine dicken Verwandten. Lutz und Eugen wetten, wer mehr Stücke Sahnetorte schafft. Beide sind schon beim sechsten Stück. Mir wird ein bisschen schlecht, aber gucken muss ich doch. Dann sehe ich Uroma. Sie ist an ihrem Tischende eingenickt. Sie hat einen Soßenfleck auf dem Busen und die Nadeln an ihrem Dutt sind verrutscht. Jetzt sieht sie wieder richtig aus wie meine Uroma.

Meine Oma und ihre Schwestern und Schwägerinnen sitzen in einer Runde in Uromas Nähe. Sie trinken Eierlikör und lachen so doll, dass ihre Brillen beschlagen. Wenn Oma so lustig ist, sieht sie aus wie das schwarzweiße Mädchen auf den Fotos in Uromas Küchenvitrine. Nach dem siebten oder achten Eierlikör werden die Stimmen der Frauen tiefer. Sie sprechen viel langsamer und wischen sich die Augen. Ich kann nur wenige Worte verstehen. „Da ist unser Alfred gefallen ...“, „... das Kind verloren ...“

Ich bin traurig über den gefallenen Bruder und das verlorene Kind. Trotzdem will ich nicht weg. Ich möchte die Frauen in den Arm nehmen und trösten, obwohl ich ein Kind bin. Jetzt kreischen sie wieder und reiben sich die Lachtränen aus den Augen.

Mein Vater sitzt zwischen Lutz, Eugen, Fritz und Willi und schaut in sein Herrengedeck. Die Herren klopfen ihm heftig auf die Schulter, erzählen Witze und lachen selber laut darüber. „Saufen kann dein Kerl, Mädchen,“ sagen sie zu meiner Mutter. „Nur essen, dat könnt ihr alle nich!“

Das Gesicht meiner Mutter leuchtet. Sie gackert laut mit den Cousinen. Ich muss auch kichern. Nur Helma ist unruhig, sie schaut unter alle Tische und fragt mit quiekender Stimme: „Hat einer die Ramona gesehen?“

„Die war eben noch unterm Flipper“, sage ich mutig. Drei Cousinen erheben sich ächzend von ihren Stühlen, meine Mutter springt auf. Die Frauen gehen mit mir in den Schankraum. Die Kinder stehen am Flipper und drücken die Knöpfe, das Gerät klackert und dudelt, alle gucken gespannt dem Ball nach. Ramona ist nicht dabei. Ich quetsche mich durch und schaue unter dem Flipper nach. Keine Ramona. Mein kleiner Bruder verquirlt mit einer Salzstange etwas Eierlikör mit Regina und Salznüssen in einem Bierglas. Ich sage, dass wir Ramona suchen, und lasse ihn in seinem Versteck sitzen.

Wir fragen die zwölfjährigen Jungs, die mit den Männern an der Theke über Fußball reden. Sie haben Ramona nicht gesehen, gucken aber zur Vorsicht draußen nach ihr.

Helmas Schwager hat eben noch mit den großen Jungs diskutiert. Er dreht sein Bier in der Hand und kann sich an nichts erinnern. Helmas hochgetürmte Frisur ist zerrupft, ihre schwarze Schminke verschwimmt um die Augen. Sie sieht aus, als ob sie gleich weinen muss. Meine Mutter beruhigt sie. „Die Ramona geht doch nicht allein raus, die finden wir schon. Weißt du noch wie sie bei Oma unterm Tisch ..."

Helma heult: „Aber unter den Tischen ISSENICH, da hab ich doch geguckt!"

Mein Bruder kommt mit ernstem Gesicht aus einem kleinen Flur beim Schankraum. An seiner Hand hat er ein kleines Mädchen mit tränenverschmiertem Gesicht.

„Ramona!" Helma schnappt sie sich und küsst sie so doll ab, dass ihr Gesicht aussieht wie rot geschminkt.

Der Schwager an der Theke klopft meinem Bruder zu doll auf den Kopf und die Schultern. Eine der Frauen hebt ihn schnell auf einen Barhocker und bestellt ihm ein Dunkelbier.

Mein Bruder sieht jetzt sehr erwachsen aus. Er probiert das Dunkelbier und tut so, als wäre es lecker. „Ich musste mal aufs Klo", erklärt er den aufgeregten Frauen. „Aus dem Frauenklo kam so ein Trommeln raus, da bin ich reingegangen. Ramona hat hinter einer Tür geweint und konnte nicht raus. Ich hab gesagt, wie man drehen muss, dass die Tür aufgeht, aber das hat sie nicht verstanden. Dann bin ich nebenan auf den Klodeckel und vom Spülkasten an der Wand raufgeklettert. Das war echt hoch, aber Ramona hat gelacht! Auf der anderen Seite bin ich wieder vom Spülkasten zum Klo runtergestiegen. Und da konnte ich die Tür von innen aufmachen."

Helma würde meinen Bruder jetzt gern küssen, das sehe ich genau. Sie sagt aber nur leise: „Komma wacker bei die Helma", und kramt in ihrer Rocktasche. Sie drückt ihm einen zerknüllten Fünfmarkschein in die Hand und flüstert mit leicht wackliger Stimme: „Dat tusse schön inne Spardose!“ So viel Geld hat mein Bruder noch nie besessen. Ich bin ein bisschen stolz und ein bisschen neidisch.

Uroma ist fest eingeschlafen. Sie sieht richtig fröhlich aus im Schlaf. Wir feiern noch lange weiter. Am Ende sind alle Erwachsenen stockbesoffen. Meine Mutter nur ein bisschen. Sie muss ja noch fahren. Ramona will nicht, dass mein Bruder geht. Er gibt ihr ein vorsichtiges Küsschen, dann löst er ihren Klammergriff. Helma nimmt Ramona auf den Arm. Sie winken uns hinterher. Mein Vater, mein Bruder und ich schlafen auf der Rückfahrt ein.

Es war ein schönes Fest.

Raudi ist weg

Nach den Ferien ist Herr Mauser nicht mehr da. Unser neuer Lehrer Herr Föcking hat blonde Locken und rote Wangen wie Oma Rosi. Herr Föcking erzählt: Er hat vier Kinder, die heißen genauso wie vier Kinder aus unserer Klasse. Alle lachen.

Bei der Stillarbeit setzt sich Herr Föcking zwischen Bernard und Ute und erklärt ihnen ganz leise die Aufgaben. Wenn wir eine Aufgabe geschafft haben, zeigen wir sie Herrn Föcking. Er malt unter jede Aufgabe ein lachendes Gesicht.

Die Jungs spielen in den Pausen mit uns Pferd. Sie wiehern, bocken und springen über den Schulhof. Wir fangen sie ein und zähmen sie. Sie lassen sich brav über die Straßen und Kreuzungen auf unseren Schulhof führen. Die sind für das neue Fach Verkehrserziehung aufgemalt worden.

Tommi und ich haben uns schon zweimal nach der Schule getroffen. Wir treffen uns am Fahrradständer, spielen auf dem Schulhof mit Raudi und unterhalten uns, bis der Hausmeister uns verscheucht. Wir möchten später heiraten, er will Erfinder werden und ich Sängerin.

Ich habe Raudi Sitz und Platz beigebracht. Pfötchen geben kann er auch. Er kommt, wenn wir ihn rufen, und spielt mit uns Verstecken. Er lässt sich von meinem Bruder vor einen Spielzeuganhänger spannen und zieht die Jungs ein Stück. Reiten darf mein Bruder ihn nicht, dafür ist er zu groß. Er passt kaum noch zu Raudi ins Körbchen. Wir nehmen den Hund überall mit hin. Raudi mag alle, die wir treffen. Nur bei Elli ist er komisch. Er begrüßt die anderen Tiere nicht, liegt still und ganz nahe bei meiner Mutter am Kamin. Wenn wir nach Hause fahren, ist er als Erster im Auto.

Am Wochenende gehen wir mit meinen Eltern in den Wald. Leider hat Raudi einen Jagdtrieb. Weil er ein Cockerspaniel ist, kann er nicht anders. Wenn er im Wald ein kleines Tier entdeckt, muss er hinterherrennen. Er hört und sieht uns nicht mehr. Wir rufen und locken, aber der Hund ist weg. Mein Vater läuft in Kreisen rufend durch den Wald, wir warten genau da, wo wir Raudi zuletzt gesehen haben. Meinem Bruder ist langweilig, er will mit mir spielen, aber ich kann nur an den Hund denken. Ganz leise bete ich darum, dass er wiederkommt.

Mein Vater kommt zurück, an seiner Jacke hängen grüne Blätter und Kletten. Es wird schon dunkel. Wir überlegen, was wir jetzt tun können, da kommt Raudi matschig und nass, mit Kletten im Fell und verfilzten Schlappohren aus dem Gebüsch. Er legt sich platt auf den Boden und hechelt mit langer Zunge. Mein Bruder wirft sich auf ihn, ich streichle seine Schnauze, er guckt mich aus den braunen Augen an. Meine Mutter weint ein bisschen und strubbelt abwechselnd meinem Bruder und dem Hund über den Kopf. Mein Vater schimpft, aber er ist auch glücklich. Im Wald muss Raudi jetzt immer an die Leine.

An einem anderen Tag verschwindet Raudi aus unserem Garten. Gerade liegt der Hund noch friedlich auf seiner Decke auf der Terrasse, im nächsten Moment ist er weg. Weil wir nichts gesehen haben, wissen wir nicht, wo wir suchen sollen. Wir fahren mit Rädern und Rollern durch die Nachbarschaft. Kein Raudi.

Mein Vater sucht im Telefonbuch die Nummer vom Bauhof. Wer ein Haustier findet, kann es dort abgeben, und wenn ein Haustier wegläuft, kann man fragen, ob es gefunden wurde. Er beschreibt den braunen Spaniel genau und erklärt, von wo er weggelaufen ist. Dann müssen wir warten. Das Abendessen ist komisch in einer Küche mit leerem Korb und vollen Näpfen.

In der Nacht wache ich mehrmals auf. Ich höre den Hund in der Küche! Ich schleiche runter. Der Korb ist leer, die Näpfe sind voll. Ich liege noch lange wach. Nach dem Frühstück legt sich mein Bruder allein ins Körbchen und spielt mit einem Frolic. Es sieht völlig albern aus, aber ich kann nicht lachen.

Beim Telefonklingeln zucken wir zusammen. Mein Vater nimmt ab, wir lauschen. Er legt auf und guckt traurig. Der Anruf war ein Versehen – im Bauhof wurde ein weißer Pudel abgegeben.

Am Nachmittag klingelt eine Nachbarin. Sie hat einen braunen Hund in der Nähe von Bäcker Börne gesehen, das könnte unser Raudi gewesen sein. Mein Vater radelt sofort los, wir warten. Es dauert sehr lange, bis er zurück ist – mit Raudi! Der trinkt und trinkt, schlingt das trockene Frolic aus dem Napf und lässt sich in sein Körbchen plumpsen. Er legt den Kopf auf die Vorderpfoten und wedelt ein bisschen mit dem Schwanz. Jetzt können wir ihn endlich streicheln.

Mein Vater erklärt: „Raudi kann eine heiße Hündin über Kilometer riechen. Wenn eine Hündin heiß ist, ist sie läufig. Das bedeutet, das alle Rüden zu ihr laufen wollen."

Raudi hat zwei Tage lang vor dem Gartentor der Familie mit der Hündin gelegen. „Die Besitzerin war schon ganz genervt", sagt mein Vater. Er hat ihr unsere Telefonnummer gegeben. Falls Raudi nochmal bei ihr auftaucht, ruft sie uns an.

Wir müssen uns für eine neue Schule entscheiden, die Grundschulzeit geht zu Ende. Die Lehrer schreiben ins Zeugnis, welche Schulen wir aussuchen können. Heidi und ich dürfen nicht zusammen auf die nächste Schule gehen, obwohl wir es wollen. Wir wollen Freundinnen bleiben, trotz verschiedener Schulen.

Raudi ist weg. Schon seit gestern ist der Korb leer. Die Näpfe sind voll. Die Frau mit der Hündin, die neben dem Bäcker wohnt, hat nicht angerufen. Ich schlage vor, im Bauhof anzurufen. Meine Eltern sind merkwürdig still. Beim Frühstück bekomme ich nichts runter. Mittags kommt mein Vater nicht zum Essen. „Er hat einen Auswärtstermin", sagt meine Mutter. Sie isst nicht, genau wie wir. Mein Bruder und ich suchen überall im Haus nach dem Hund, vielleicht hat ihn jemand aus Versehen im Wäschekeller oder im Spielzimmer eingesperrt. Nirgendwo ist Raudi. Meine Mutter holt Eis aus der Kühltruhe und sagt: „Papa kommt bald nach Hause." Das Eis schmilzt in den Schüsseln.

Mein Vater ist früher als sonst von der Arbeit zurück. Er sieht sehr blass aus. Ist er etwa krank? Meine Eltern setzen sich an den Küchentisch, mein Bruder und ich auch. Mein Vater faltet die Hände auf dem Tisch und schaut darauf. Er sieht aus wie Opa Heinrich vor dem Tischgebet. Leise sagt er: „Kinder, leider ist unser Raudi tot."

Meiner Mutter rollen Tränen übers Gesicht. Sie tropfen auf den Tisch, sehr laut. Mein Bruder behauptet: „Nein, er ist bestimmt bei einer Hündin, die wir nicht kennen. Er war doch schon öfter weg! Er kommt immer wieder."

Meine Mutter sagt: „Diesmal leider nicht." Ihre Tränen tropfen auf den Tisch.

Mein Vater krächzt mit fremder Stimme, „Raudi ist schon seit gestern tot. Wir wollten es euch in Ruhe sagen, nicht vorm Schlafengehen und nicht vor der Schule."

Meine Ohren rauschen, ich höre ihn nur undeutlich:

Mein Vater ist abends mit dem Hund spazieren gegangen. Er hatte ihn an der Leine, aber Raudi hat ein Kaninchen gesehen und sich einfach losgerissen. Das Kaninchen ist über die große Straße gerannt. Die Straße war lange gesperrt. Jetzt dürfen wieder Autos fahren. Ein Laster hat Raudi überfahren, als er dem Kaninchen hinterhergerannt ist. Mein Vater hat ihn von der Straße geholt, er ist in seinen Armen gestorben. Mein Vater hat Raudi nach Hause getragen. Nachts lag er in eine Decke gehüllt in unserem Waschkeller. Heute hat mein Vater ihn zum Bauhof gebracht. Dort gibt man auch tote Tiere ab.

Mein Bruder liegt im Hundekorb. Ich betrachte das Frolic, das keiner mehr fressen wird. Abends essen wir Pommes auf dem Sofa vor dem Fernseher, ohne Hund. Wir gehen ins Bett, ohne Hund. Ich versuche zu schlafen, ohne Hund. Ich denke an Raudi, in eine Decke gehüllt, nachts im kalten Waschkeller. Mir ist kalt. Ich liege wach, ohne Tränen und ohne Hund.

Morgens frühstücken wir, ohne Hund. Wir gehen zur Schule, wie immer. Nach dem Klingeln stellen wir uns in Zweierreihen auf, wie immer. Ich stehe neben Heidi. Hinter uns sind Tommi und Olli. Sie schubsen sich gegenseitig und lachen. Heidi lacht mit. Mir ist kalt, ich habe einen Kloß im Hals. Tommi tippt mir auf die rechte Schulter, sein Gesicht taucht auf meiner linken Seite auf. Er sagt: „Du siehst so ernst aus, lach doch mal!“

Eine Stimme schreit: „Soll ich etwa sagen: ‚hurra hurra, mein Hund ist tot?‘“

Das war meine Stimme, aber sie klang nicht wie ich. Mir tut alles weh, besonders mein Hals.

Es klingelt. Wir gehen in Zweierreihen rein. Heidi geht nicht wie sonst zum Platz. Sie zieht mich an der Hand nach vorne zum Pult. Heidi erklärt Herrn Föcking, dass mein Hund tot ist. Die Worte klingen fremd, als wären sie aus einem Buch. Herr Föcking bedankt sich bei Heidi und bittet die Klasse, die Geschichte ab Seite vierundzwanzig zu lesen. Alle schlagen die Bücher auf.

Herr Föcking setzt sich mit mir in die Leseecke und fragt, was mir heute guttun würde. Ich weiß nicht, was er meint, und schaue ihn an. „Wenn du möchtest, darfst du die Zeit in der Leseecke verbringen. Da kannst du dich beschäftigen und dich ablenken. Du darfst auch wie immer im Unterricht mitmachen, wenn dir das guttut. Oder du erzählst der Klasse, was passiert ist. Was bei so einem schlimmen Erlebnis guttut, ist bei jedem Menschen anders. Und alles ist in Ordnung.“

Jetzt weiß ich genau, was für mich gut ist. Im Erzählkreis sitze ich neben Herrn Föcking und erzähle alles, was ich vom

Unfall weiß und alles über meinen Hund. Danach erzählt Silke von dem Tag, als ihre Oma gestorben ist. Bernard hat schon seit der zweiten Klasse keinen Vater mehr. Und Petra hätte eigentlich eine große Schwester, die tot zur Welt kam.

Nach dem Erzählen geht Herr Föcking mit uns spazieren, ohne Zweierreihen. Zur Pause sind wir zurück am Schulhof. Wir spielen Pferd und Fangen. Danach ist Mathe.

Bischöfliches Gymnasium

Mein erster Schultag in der neuen Schule. Die Eltern gehen nur bis zum Eingang mit. Die Neuen versammeln sich auf dem Schulhof. Alle aus meiner Grundschule stehen zusammen. Wir haben uns aber nicht wie früher nach Klassen aufgeteilt, sondern in Jungs und Mädchen. Ich schaue zu den Jungs herüber. Olli grinst mich an, Markus und Stefan winken rüber. Tommi ist mit seiner Schultasche beschäftigt. Ingrid und Ingrid, Martina und Sonja stellen sich zu mir. Wir lächeln uns an.

Es knackt und quietscht. Wir zucken zusammen. Der Schuldirektor spricht durch ein Mikrofon. Er sagt die Namen von drei Lehrerinnen, die sich auf dem Schulhof verteilen. Ich kann mir die Namen nicht merken. Sie sind die Klassenlehrerinnen der 5a, 5b und 5c. Jetzt ruft der Direktor unsere Namen auf. Wer aufgerufen wird, geht zu der Lehrerin. Ich bin in der 5a. Alle anderen aus meiner Grundschule kommen auch in die 5a. Wieder grinsen wir uns an. Tommi guckt weg.

Unsere Lehrerin heißt Frau Siebenbrock und ist die Frau des Direktors. Sie ist klein und dick, hat graue Locken, trägt einen Faltenrock und feste braune Wanderschuhe. Sie hat eine große Brille mit einer goldenen Kette. Die Gläser drücken die Hautfalten unter ihren Augen herunter, das sieht ein bisschen aus wie bei einem Cockerspaniel.

Jetzt sind alle Klassen eingeteilt. Die Lehrerinnen gehen mit uns in das Schulgebäude. Frau Siebenbrock führt uns einmal durch die Schule. Das Gebäude ist riesengroß. Man kann von außen und innen grauen Beton sehen. Auf dem Boden und an den Wänden klebt grüner und brauner Filzteppich. Frau Siebenbrock zeigt uns das Schwarze Brett, das gar nicht schwarz ist, sondern eine Pinnwand in einem Glaskasten. Das Kommunikationszentrum ist eine Pausenhalle mit niedrigen Sitzbänken aus Beton. Wir gehen durch den Chemie-, Physik- und

Biologieraum, die Sporthalle und das Sprachlabor. Am Ende stellt Frau Siebenbrock uns den Hausmeister vor. Herr Becker trägt einen grauen Kittel, der ihm bis zu den Knien geht. Er winkt uns aus seiner kleinen Glaskabine im Kommunikationszentrum zu. Hier verkauft er Milch und Kakao. Ingrid und Ingrid geben sofort eine Bestellung auf. Vor dem Hausmeister in der Grundschule hatten wir alle Angst. „Herr Becker ist die gute Seele der Schule und steht allen mit Rat und Tat zur Seite“, sagt Frau Siebenbrock.

Wir gehen in unseren Klassenraum. Das ist nicht so einfach, denn wir sind sechsunddreißig. Frau Siebenbrock dirigiert uns so, dass am Ende alle einen Stuhl und einen Tisch haben. Tommi schaut sehr konzentriert auf den Boden, als er sich an mir vorbei quetscht, um an seinen Platz zu kommen.

Ich sitze neben Martina. Frau Siebenbrock sagt, wir erproben die Sitzordnung „Hufeisen“, in der wir gut zusammen lernen können. Wir falten ein Blatt Papier in der Mitte und schreiben unsere Namen so auf die vordere Seite, dass man ihn gut lesen kann. Ich bin schnell fertig mit dem Namensschild und schaue mich um. Tommi schreibt mit links in seiner krakeligen Handschrift „Thomas“ auf das Namensschild. Er schaut nicht hoch.

Es gibt in der 5a zwei Ingrids, zwei Martinas, drei Michaels, drei Stefans, und zwei Markusse. Einige Namen habe ich noch nie gehört: Lioba, Ludgera, Björn und Diethard.

Es klopft. Frau Siebenbrock stellt uns Schüler aus der Oberstufe vor, die schon erwachsen sind und unsere Paten sein werden. Bärbel hat lange blonde Haare und trägt einen langen Rock, Christian eine Cordhose und die gleiche braune Lederjacke wie Opa Heinrich. Bärbel sagt, wenn wir in der dreizehnten Klasse Abitur machen, wären wir auch erwachsen. Ich rechne nach. Sie hat Recht.

„Wenn ihr Fragen habt“, sagen die beiden, „kommt einfach in der Pause zu uns in die Raucherecke.“ Sie zeigen uns einen kleinen Schulhof, den wir noch gar nicht gesehen haben. In einer windgeschützten Ecke unter einem Dach stehen einige andere erwachsene Schüler mit Bärten und Jacken wie Opa Heinrich, und Schülerinnen in Flatterröcken und Latzhosen mit Pullovern wie die Unterhemden von Opa Johann.

„Wir haben gerade eine Freistunde“, meint Bärbel. „Dafür ist die Raucherecke da und ein extra Raum für die Oberstufe.“

Die Oberstufenschüler grinsen uns an, manche lecken an ihren Zigaretten oder paffen Kreise in die Luft wie Onkel Lutz mit der Zigarre. Bärbel und Christoph müssen wieder in den Unterricht und bringen uns zurück zum Klassenraum. Frau Siebenbrock übt unsere sechsunddreißig Namen. Alle stellen sich vor und sagen, wo sie wohnen und in welcher Grundschule sie waren. Wir kommen aus allen Teilen der Stadt. Michael wohnt beim Hallenbad, dahin brauche ich von zu Hause mit dem Fahrrad fast zwanzig Minuten. Lioba lebt in einem Wasserschloss und wird von ihren Eltern mit dem Auto zur Schule gebracht.

Herr Dartmann löst Frau Siebenbrock ab, sie muss in den Unterricht. Herr Dartmann ist unser zweiter Klassenlehrer und unterrichtet Englisch. Wir dürfen ihn alles fragen, was wir wissen möchten. Martin ist der einzig Mutige und fragt ihn nach seinem Alter.

Herr Dartmann lässt uns schätzen. Er wartet, bis jemand ihn auf Dreißig schätzt, dann ruft er freudig: „Richtig!“

Er gibt uns sein geheimes Wissen weiter, das wir nicht verraten dürfen. Leise raunend erklärt er:

„Die 5a, das seid ihr, das sind die Angenehmen. Ihr werdet die Braven sein, die zuhören und einigermaßen verlässlich ihre Hausaufgaben machen. Die 5b, das sind die Busschüler von den Bauernhöfen. Sie haben lange Anfahrten und sind sehr gut verträglich. Vor der 5c muss ich euch dringend warnen", sagt er, „denn das sind die Chaoten. An denen nehmt euch bitte niemals ein Beispiel!" Die ersten beginnen zu kichern.

Herr Dartmann klagt mit fröhlicher Stimme über die Mühe, zweiter Klassenlehrer zu sein. „Ich tue mir das nur an, weil ich lieber Ausflüge mache, als zu arbeiten." sagt er. „Frau Siebenbrock benötigt schließlich einen Gentleman, der ihr die Hand reicht, wenn sie beim Wandertag mal über einen Bach hüpfen will!" Jetzt lachen alle.

Martina, die beiden Ingrids, Sonja und ich gehen zusammen in die Pause. Die Älteren sind auf dem großen Hof nicht zu sehen, die haben ihre Raucherecke. Wir sehen Grüppchen, die auf Betonbänken sitzen und sich unterhalten.

Die meisten Jungs aus unserer Klasse stürmen zum Fußballplatz. Tommi rennt an mir vorbei. Um die Tischtennisplatte drängeln sich viele Mädchen und ein paar Jungs. Sie spielen Rundlauf, das heißt, sie schlagen immer nur einen Ball über die Platte und rennen dann schon weiter. Es sieht chaotisch und sehr lustig aus. Morgen bringen wir auch unsere Tischtennisschläger mit.

Nach der Pause bekommen wir unsere Bücher. Vor dem Lehrerzimmer sind große Bücherstapel ordentlich nach Klassen sortiert auf Tische verteilt. Ein großes Schild auf dem ersten Tisch informiert: Wir sollen uns alphabetisch nach den Nachnamen aufstellen. Die haben wir aber heute Morgen erst einmal gehört. Wir laufen kichernd durcheinander, ich stelle mich an den Anfang der Reihe, Tommi ganz ans Ende, wie in der Grundschule. Ich grinse ihm zu. Ganz kurz schaut er rüber, dann wieder weg. Michael stößt ihm den Ellenbogen in die Seite, Tommi rempelt zurück.

Jetzt erhebt sich Herr Hommes. Er ist Oberstudienrat und für die Bücher verantwortlich. Es wird still. Herr Hommes ist sehr alt, hat die dünnen Haare zur Seite gescheitelt und mit Pomade angeklebt wie Opa Johann. Er trägt Anzug, Hemd und Krawatte auch wie Opa Johann. Ohne zu sprechen, setzt er sich wieder und deutet auf die Büchertische. Wir sammeln unsere Bücher ein, Herr Hommes schreibt mit einem winzigen Bleistiftstummel unsere Namen in eine Liste. Wir verstauen die Bücher. Dann ist der erste Schultag vorbei.

Alle aus meiner Grundschule haben denselben Weg zum hinteren Fahrradständer an der Sporthalle. Olli sagt: „Morgen bringe ich meinen Fußball mit, das schockt voll, mit dem Bolzer!"

Martina meint: „Wir bringen morgen unsere Tischtennisschläger mit, Rundlauf schockt auch voll, mit den Platten." Alle lachen.

Tommis Rad steht neben meinem. „Wie waren deine Ferien?" frage ich.

„Gut!", sagt er und guckt auf seine Uhr. Dann schwingt er sich aufs Rad und ist weg.

„Dem ist es jetzt peinlich, mit Mädchen zu sprechen", sagt Olli. Es fühlt sich an wie ein Schlag in den Magen. „Nimm's nicht tragisch", raunt er und ruft munter: „Haltet euch ab jetzt einfach alle an mich!" Die anderen schauen mich an. Mein Mund versucht, zu lächeln.

Born to be alive

Mein Vater sagt, zwei Wochen Urlaub reichen einfach nicht, um sich richtig frei zu fühlen. Seit ich denken kann, sammelt er alle seine Urlaubstage an, um im Sommer sechs Wochen lang mit uns Ferien zu machen. Meine Mutter kauft ein, wir packen tagelang. Es muss alles möglichst billig sein und darf nur wenig Platz verbrauchen. Am Abend vor dem letzten Schultag ist alles vorbereitet. Unsere Eltern holen uns mit dem gepackten Auto direkt an der Schule ab. Wir erreichen die Fähre über die Nordsee am späten Mittag und sind schon am frühen Nachmittag auf der Insel. Unser Heim für die nächsten Wochen ist das große Hauszelt auf dem Campingplatz zwischen den Dünen bei Wind, Wellen, Sonne und Salz auf der Haut.

Zuhause streiten meine Eltern oft wegen Geldsorgen oder wenn mein Vater zu viel trinkt. Mein Bruder und ich liegen uns in den Haaren, weil er mich ärgert oder weil ich ihn mit meinen blöden Freundinnen ausschließe. Auf der Insel halten unsere Eltern sich beim Spaziergang an den Händen. Mein Bruder und ich tragen Partnerlook und spielen in den Dünen und am Strand. Wir stromern durch ein unendliches Labyrinth aus Höhlen und Nischen unter dichtem Gebüsch. Verwitterte Schiffstaue in den Dünen sind gefährliche Meeresungeheuer, gegen die wir gemeinsam kämpfen.

Im Schlafanzug verlassen wir nachts heimlich unsere Luftmatratzen, während unsere Eltern in der kleinen Campingplatzkneipe sitzen. Im Dunklen beobachten wir die wunderschönen Nachtfalter an der Beleuchtung beim Waschhaus und machen uns einen Spaß daraus, vorbeischlendernde Camper nach der Uhrzeit zu fragen. Die Platzkatze begleitet uns bei unseren Streifzügen, seit wir einmal einen Eimer voll frischer Garnelen vorm Zelt vergessen haben.

Beim Frühstück essen wir weißes Brot mit Schokostreuseln.

Mittags gibt es abwechselnd Pichelsteiner Topf, mexikanische Feuerbohnen oder Ravioli aus der Dose. Manchmal gönnen wir uns den Luxus und holen *Frikandel* oder *Friet* vom Imbiss am Strand.

Mein Bruder und ich würden am liebsten für immer so leben.

Nach dem Urlaub hat mein Vater eine neue Idee. Er ist Trainer im Sportverein, mein Bruder und ich sind auch dabei. Für die Jugendlichen organisiert er ein Sportferienlager. Es findet in den ersten beiden Ferienwochen statt. Die ganze Familie fährt mit, danach geht es wie immer auf die Insel.

Mein Vater übernimmt die Leitung des Ferienlagers, meine Mutter soll als Betreuerin mitkommen. Mein Bruder und ich kennen viele, die jedes Jahr ins Ferienlager fahren. Sie bringen aufregende Geschichten mit. Wir sind neugierig. Meine Mutter ist nicht begeistert, lässt sich aber von meinem Vater zu einem Vorbereitungslehrgang überreden.

Sonntags kommen meine Eltern fröhlich vom Wochenende in der Sportakademie wieder. Meine Mutter hat viele nette Leute kennengelernt. Sie findet die Idee einer Gruppenreise nicht mehr so schlecht, obwohl sie schmerzverzerrt durchs Haus eiert. Meine Mutter trägt immer hohe Hacken, schon seit sie sechzehn ist. „Da haben sich die Sehnen wohl verkürzt - ein komplettes Wochenende in Turnschuhen, das tut weh!“, lacht sie.

Wir haben nach dem letzten Schultag zum ersten Mal Zeit, unsere Taschen zu packen und müssen ungewohnt wenig Essen mitnehmen – im Sportferienlager bekommen wir drei Mahlzeiten am Tag. „Allein das ist schon ein guter Grund, mitzufahren!“, strahlt meine Mutter.

Am nächsten Morgen fahren wir mit dem Reisebus ins Sauerland. Schon nach zwei Stunden sind wir am Ziel in bergiger

Landschaft, einer Sportschule mit weitläufigem Trainingsgelände. Die Mitte bildet ein Rasenplatz mit Büschen, drum herum sind kleine Holzhäuser verteilt, auf einer Seite des Platzes steht ein großes Gebäude.

Auf dem Parkplatz begrüßt uns der Hauswart und erklärt: „In dem Gebäude finden die Mahlzeiten statt. Hier gibt es weitere Gemeinschaftsräume, zum Beispiel den Disco-Keller." Jemand pfeift leise durch die Zähne. „Auf der anderen Seite des Rasens steht ein Waschhaus mit Duschen und Toiletten. Alle Einrichtungen nutzt ihr gemeinsam mit drei anderen Gruppen, die heute anreisen. Die Holzhäuser sind eure Unterkünfte."

Mein Vater zählt die Hausnummern unserer Gruppe auf. Wir sind über das Gelände verteilt. Im Holzhaus gibt es drei Stockbetten. In meiner Trainingsgruppe sind wir genau sechs Mädchen.

Claudia, Marion, Ulrike, Birgit, Ute und ich streben auf Nummer sieben zu, nahe beim Waschhaus. Mein Bruder hat einen Lagerfeuerplatz unter Tannen entdeckt, da ziehen die Jungs aus unserer Trainingsgruppe hin. Meine Eltern möchten nahe ans Haupthaus, Betreuer haben dort eigene Duschen. In der Hütte verteilen wir die Schlafplätze, verstauen unsere Taschen und legen uns auf die Betten. Es duftet nach Holz, das Licht wirkt hier dämmrig. Wir freuen uns schon auf eine gemütliche Nacht.

Wir kommen aus dem Waschhaus. Auf dem Parkplatz steht ein Bus, einige Jungs stehen rauchend am Gebüsch. „Das sollten wir mal versuchen – da würden wir gleich vom Trainer disqualifiziert!", grinst Claudia. Ich grinse zurück. Ulli stößt mir einen Ellenbogen in die Rippen. Meine Mutter steht ein paar Büsche entfernt und unterhält sich rauchend mit den Betreuern der Jungs. Wir kichern und ziehen weiter.

Auf der großen Rasenfläche wirft eine Gruppe von Riesen in Shorts und flatternden T-Shirts einen Basketball. Sie sind locker zwei Köpfe länger als wir. Wir bleiben staunend stehen. Ich weiche erschrocken einem Wurfgeschoss aus, Marion fängt den Ball und wirft ihn zurück in die Gruppe.

„Guckt mal, die Krabbelgruppe hat schon Feierabend!", kaspert einer der Jungs.

„Nee, wir sind schon im Kindergarten und können sogar ziemlich schnell laufen!" Ullis Schlagfertigkeit hätte ich auch gern. Die Jungs lachen. Wir ziehen weiter.

Hinten am Wäldchen besuchen wir unsere Jungs. Mein Bruder schaut mit einer Tüte Flips in der Hand den anderen zu. Jonas macht einarmige Liegestütze, Christoph zählt mit. Hannes springt Seil in so einem Tempo, dass er aussieht wie eine Puppe im Seidenkokon. Dietmar und Manni spannen sich maximal an und stemmen abwechselnd einer den anderen an den Ellenbogen in die Luft. Ihre Köpfe und Schlagadern sind gefährlich angeschwollen.

„Jaaaaaa", sagt Marion in übertrieben beruhigendem Ton. „Ihr seid die Schnellsten, die Stärksten, die Besten!" Manni lässt Dietmar achtlos fallen. „Endlich klärt das mal jemand. Wir dachten schon, ihr seid dem Charme hirnloser Bällchenwerfer erlegen!"

Gemeinsam gehen wir zum Mittagessen. Es riecht nach Erbsensuppe, die Gruppen sitzen an langen Tischreihen im Raum verteilt. Der Hauswart, meine Eltern und die Betreuer der anderen Gruppen stehen in der Mitte und heben die Hände. Es wird still. Der Hauswart begrüßt die Basketballer aus Niedersachsen, die Volleyballerinnen aus dem Rheinland, den Leichtathletik-Verein aus Westfalen und die Gruppe aus dem Saarland.

Manni und Dietmar verrenken sich die Hälse nach den Volleyballerinnen. Ulli beäugt die Raucher und fragt sich, welchen Sport sie treiben. „Vermutlich Schach“, meint Hannes. Einer der Basketballer am Nachbartisch zwinkert mir zu.

Der Hauswart verkündet die Hausregeln. Es herrscht strenges Alkohol- und Rauchverbot. Die Betreuer nicken ernst ihren Gruppen zu und wünschen allen zwei tolle sportliche Wochen. „Zum Kennenlernen findet heute Abend eine gemeinsame Lagerfeuerrunde statt“, verkündet mein Vater als Lagerleiter. „Morgen ist Disco im Haupthaus. Die sportlichen Tagespläne werden die Gruppen mit ihren Betreuern verabreden, alle gemeinsamen Angebote findet ihr ab morgen an einer Pinnwand im Haupthaus.“

Die Betreuer eröffnen die Essensausgabe, indem sie sich als Erste anstellen. Sie haben einen gemeinsamen Tisch. Beim Nachtisch kommt meine Mutter uns besuchen. Sie will wissen, ob es uns gut geht, ob wir etwas brauchen, immerhin ist sie unsere Betreuerin. Wir sind bestens zufrieden. „Geh dich ruhig amüsieren“, sagt Marion, „aber nicht wieder heimlich rauchen!“

Nach Training und Abendessen beschließen wir die Hosen mit Discostreifen für morgen aufzuheben. Fürs Lagerfeuer tun es Jeans, Sweatshirt und Anorak, aber ein bisschen aufmotzen wollen wir uns schon. Wir gehen mit Bürsten und Lipgloss im Kulturbeutel zum Waschhaus. Diese Idee hatten wir nicht allein: Vor dem Flachdachgebäude tummeln sich Jugendliche aus allen Gruppen. Die Volleyballerinnen sind fast so groß wie die Basketball-Jungs und sehen in ihren identischen Vereinstrainingsanzügen unglaublich lässig aus.

Zusammen stehen wir vorm Spiegel und ziehen mit Kajalstiften dunkle Striche unter die Augen. Eine von ihnen fummelt wie ich verzweifelt an ihrem Pony herum, stöhnt und grinst mich an. Beim Rausgehen erwischt uns etwas Kaltes von oben.

Wir kreischen, dann liegen wir uns mit nassen Haaren lachend in den Armen. Wie verabredet stürzen wir den Übeltätern hinterher. Zwei Basketballer fliehen, zwei weitere lauern den nächsten Opfern mit gefüllten Wasserbechern auf.

Die Riesen lassen sich von uns jagen, solange sie Lust haben, dann dürfen wir sie fangen. Ganz förmlich stellen sie sich vor, wir spielen mit. Ich kenne Maja erst seit einer Minute, wir sind uns aber sofort einig: Zur Strafe müssen Tom und Chris beim Lagerfeuer laut mitsingen.

Wir trocknen unsere Ponys notdürftig. Die anderen sind schon am Feuerplatz und beäugen uns beim Ankommen. Es knistert und duftet nach Lagerfeuer. Der Betreuer aus Saarlouis kann jedes gewünschte Lied auf seiner Gitarre begleiten, meine Mutter zu jedem Lied die zweite Stimme singen. Maja und ich sitzen zwischen Tom und Chris, die Gesichter vom Feuer beleuchtet, und singen einträchtig: „*Lie-la-lie …*“ Es klingt gut.

Nachts in unserem Häuschen liegen wir noch lange wach. Es duftet nach Holz und Lagerfeuer. Wir quatschen, bis uns die Augen zufallen.

Am nächsten Abend ziehe ich die Hose mit den schmalen weißen Streifen an. Marion, Ulli und Ute tragen auch Discohosen, Birgit und Claudia weiße Latzhosen. Wir legen Kajal auf, Birgit gibt eine Runde Lipgloss mit Erdbeergeschmack aus.

Der Eingang zum Discokeller ist schmal. Unsere Jungs drängeln schon auf der kleinen Treppe in den Raum. „*Sometimes I feel I've got to run away...* “, dringt zu uns nach draußen.

Endlich stehen wir dicht gedrängt im Schwarzlicht. Weißes strahlt unwirklich hell, von den Zähnen über unsere T-Shirts und die Discostreifen bis runter zu den Tennissocken.

Jemand drückt mir von hinten eine Cola in die Hand. Ich drehe mich um und werde von einem weißen T-Shirt mit Basketballapplikation geblendet. Ich schaue nach oben. „Da bist du ja wieder“, sagt Tom und legt eine riesige warme Hand auf meine Schulter.

Patrick Hernandez singt: „*Born to be alive*“.

„Ihr seid immer noch von der Grundschule verwöhnt und habt unnötig Angst vor Zahlen, die größer sind als zwei. Aber ein Lehrer muss alle Noten verwenden!“ Herr Dartmann steht mit erhobenem Zeigefinder vor uns. Die Predigt kennen wir schon.

Wir sind jetzt in der siebten Klasse. Englisch ist mein Lieblingsfach und Herr Dartmann mein Lieblingslehrer. Wir rätseln ständig, ob er etwas ernst meint oder nicht. Björn will wissen, weshalb er nur eine Drei in der Englischarbeit hat.

„Denkt immer daran“, führt Herr Dartmann aus, „die Drei ist die Eins des kleinen Mannes und die Vier ist die Zwei des kleinen Mannes.“

„Und was ist mit ner Fünf?“, will Martina wissen.

„Danke, junge Dame, darauf wollte ich gerade eingehen. Eine Fünf kann vorkommen! Das ist eben eine Zensur, da muss man was gegen tun. Nur eine Sechs, Freunde“, seine Stimme wird bedrohlich, „das ist Arbeitsverweigerung! Da haut euch der Herr Oberstudienrat das Heft um die Ohren!“

Ingrid und Ingrid kichern. Olli findet seine Vier nicht mehr so schlecht.

Björn will aber immer noch wissen, wie seine Drei zustande kommt.

„Lieber Björn, ich verrate mein Geheimnis“, antwortet Herr Dartmann leise, „aber ich sage es nur einmal und natürlich nur, weil uns allein die 5a, die Angenehmen zuhören.“ Wir spitzen die Ohren und zucken zusammen, denn Herr Dartmann ruft unvermittelt: „Eure Noten würfle ich! Das ist eine sehr gerechte Methode, spart Zeit und Mühe, und niemand kann sich beschweren!“

Die meisten lachen, einige stöhnen, Björn gibt auf.

Wenn Herr Dartmann in Stimmung ist, erzählt er uns Geschichten. Wir nutzen jede Chance, ihn dazu zu überreden.

Manchmal verkündet er schon beim Betreten des Klassenraumes: „*Ladies and Gentlemen, I am in the mood.*“ An anderen Tagen arbeiten wir, bis jemand höflich fragt: „*Sir, are you perhaps in the mood today*?“ Wenig später hören wir: „*Now listen carefully! Today's chapter is called* ‚Die Exkursion in den Teutoburger Wald‘. Zu einer Zeit, als euer geschätzter Englischlehrer noch Pennäler und in der Untersekunda war, plante Oberstudienrat Doktor Peter Bartels, genannt Pips Bärtchen, einen Ausflug zur Erforschung der hiesigen Waldfauna ...“

Wir fühlen uns wie in einem Schwarzweißfilm mit Heinz Rühmann.

Eines Tages eröffnet Herr Dartmann, die Fachkonferenz Englisch habe den offiziellen Beschluss gefasst, einen Englandaustausch durchzuführen. „*And you, Ladies and Gentlemen*“, sagt Herr Dartmann, „*are on it*!“ Jetzt fragen alle durcheinander.

Ein Studienfreund, erklärt Herr Dartmann, unterrichte Deutsch an einer weiterführenden Schule in York. Mr. Coles Jungs und Mädchen sollen für drei Wochen nach Deutschland zu Gast in unsere Familien kommen. Im Gegenzug werden ihre Familien in York uns für drei Wochen aufnehmen.

Außer Verpflegung und Unterbringung der Gäste entstehen den Familien keine Kosten. Meine Eltern erlauben die Teilnahme ohne zu zögern. Namen werden zugelost, Passfotos organisiert, Steckbriefe und kleine Botschaften geschrieben. Dann schicken die Lehrer Sammelordner über den Kanal.

Meine Austauschpartnerin heißt Laura und ist wie ich vierzehn Jahre alt. Sie wohnt in einem kleinen Dorf in der Nähe von York. Ihr Vater arbeitet bei einer Bausparkasse und ihre Mutter jobbt bei einem Blumenhändler. Sie hat eine jüngere Schwester und keine Haustiere. Ihre Hobbies sind Musik und Mode.

Martinas Partnerin heißt Gillian, ist schon fünfzehn und lebt in York. Ihr Vater ist Rechtsanwalt, ihre Mutter Hausfrau. Sie hat keine Geschwister, aber einen Yorkshire Terrier. Ihre Hobbies sind Mode und Jungs. Wir kichern.

Intensiv studieren wir die winzigen Passfotos unserer Partnerinnen. Beide tragen hellblaue Blusen und dunkelblaue Pullis mit V-Ausschnitt – die Schuluniform. Gillian hat lange dunkle Haare, ist perfekt geschminkt und trägt große Ohrringe. Laura ist sehr blass. Der dunkle Pony ist schief, als hätte sie ihn selbst geschnitten.

Olli wedelt mit dem Steckbrief seines Austauschpartners. Paul trägt sein hellblaues Poloshirt offen, eine modische Brille und einen lässig zur Seite geföhnten Pony. Seine Hobbies sind Cricket und Mädchen. Martina stupst mich an: „Süüüüß!"

Olli drückt den Steckbrief an seine Brust. „Nix da, das ist meiner!" Alle kichern.

Wir begutachten die Fotos der anderen Austauschpartner. An die lässige Ausstrahlung von Gillian und Paul kommt niemand ran. Im Englischunterricht geht es nur noch um den Austausch. Wir schreiben Antwortbriefe und stellen neue Fragen. Die Lehrer planen ein Rahmenprogramm. Am ersten Tag der Osterferien wird unser Direktor die Gruppe offiziell begrüßen und eine Führung durch die Fachräume unserer Schule geben.

„Ein Besuch des Heimatmuseums mit historischer Stadtführung klingt öde, ist aber Pflicht", sagt Herr Dartmann. „Schließlich sollen unsere Gäste erfahren, wo sie gelandet sind." Der Rest ist *leisure time* und kann in den Familien oder mit den anderen Austauschgästen verbracht werden.

Sonntags im Morgengrauen warten wir mit unseren Eltern und Herrn Dartmann an der Stadthalle auf den Bus. Martina hat vor der Abreise mit Gillian telefoniert. „Beide haben vor Aufregung kaum ein Wort rausbekommen", sagt sie. Ich übe innerlich die Begrüßung für Laura.

Nach endlosem Rumstehen fährt ein Bus auf den Parkplatz. Ein Mann im zerknautschten Anzug taumelt das Treppchen herunter. Das muss Mr. Cole sein.

Herr Dartmann nimmt ihn in Empfang, schüttelt seine Hände, die beiden klopfen einander auf die Schultern und überschütten sich *very british* mit Freundlichkeiten.

Unsere Austauschpartner sind inzwischen ebenfalls aus dem Bus gewankt. Sie tragen verknitterte dunkelblaue Einheitskleidung – anscheinend Schuluniformen. Wir versuchen unsere Partnerinnen im Gewusel zu erkennen. Gillian entdecke ich sofort. Sie streicht sich durchs Haar, hält ihren kleinen Koffer in der Hand und schaut ruhig in die Runde. Martina strahlt und winkt, Gillian winkt zurück.

Herr Dartmann heißt die Gruppe kurz und knapp willkommen. „*It's early in the morning, we'll talk tomorrow*", sagt er und ordnet mit seiner Liste die Gäste den Familien zu.

Paul löst sich als einer der ersten aus dem Pulk, pustet sich den Pony aus den Augen und schüttelt Olli und seinem Vater die Hand, als würden sie sich ewig kennen. Gillian hat schon ihren Weg zu Martina und ihrem Vater gefunden. Sie winken Paul und Olli zu und gehen zum Auto. Jetzt wird Laura aufgerufen. Es kribbelt in meinem Bauch, ich übe innerlich nochmal die Begrüßung.

Lauras Gesicht mit der hellen Haut und dem Rahmen aus dunklen glatten Haaren sieht genauso aus wie auf ihrem Passbild. Was darauf nicht zu sehen war: Sie überragt meinen Vater und mich um einen Kopf. Sie trägt einen zerknitterten Rock mit Bluse, blauer Strickjacke und – ich traue meinen Augen kaum – Pumps! Sie lächelt vorsichtig und gibt uns die Hand. Mein Englisch ist komplett aus meinem Kopf verschwunden. Zum Glück begrüßt Laura uns auf Deutsch. Ich greife ihre Hand und lächle. Laura zeigt auf den Berg aus Reiseutensilien, den der

Busfahrer auf einen Haufen geworfen hat, mittendrin scheint ihr Koffer zu sein. Mein Vater fischt ihn heraus. Wir gehen zum Auto. Laura schwankt beim Gehen. „Es fühlt sich an, als ob ich noch durch den Bus laufe", kichert sie.

Meine Mutter stellt sich auf die Zehenspitzen und nimmt Laura spontan in den Arm. Unser junger Dackel dreht vor Aufregung völlig durch. Meine Mutter schickt „das Kind erstmal duschen". Ich begleite Laura in die obere Etage, zeige ihr mein Zimmer und das Bad. Die Pumps klackern auf der Holztreppe. Mein winziges Zimmer ist mit der zusätzlichen Matratze und Lauras Koffer berstend voll. Mein kleiner Bruder ist jetzt auch wach. Schüchtern begrüßt er den Gast. Ich gebe Laura Handtücher und gehe nach unten.

Meine Mutter bereitet ein üppiges Frühstück vor. Zum Frühstück kommt Laura barfuß, in hellem Rock und Pulli. Sie trägt ein Handtuch als Turban auf dem Kopf, genau wie wir nach dem Baden. Sie schaut mit leuchtenden Augen zum Frühstückstisch und langt begeistert zu. Zur großen Freude meiner Mutter findet sie alles *yummy*! Dabei sei sie eigentlich auf Diät, erklärt sie. „*Have to put down one stone of my weight*", findet sie. Aus dem Englischunterricht weiß ich, dass das mehr als sechs Kilogramm sind.

„Sportlich", sagt mein Vater. Meine Mutter und Laura fachsimplen über Diäten. „Doktor-Atkins" kennt Laura, die „Apfel und Ei-Diät" ist ihr neu. Die beiden haben nicht das geringste Problem, das Thema Gewichtsreduktion bei einer reichhaltigen Mahlzeit zu diskutieren. Ich finde mich auch zu dick, spreche aber nie darüber. Alle am Tisch bemühen sich, Englisch zu sprechen. Laura antwortet mit leichtem Akzent in perfektem Deutsch mit eingestreuten englischen Wörtern. Ihre Mutter stammt aus dem Sauerland – das stand nicht im Steckbrief!

Als Kleinkinder haben Laura und ihre Schwester noch beide Sprachen gesprochen. Im Alter von fünf Jahren, als sie in die Schule kam, hat Laura aufgehört Deutsch zu sprechen. „Aber *apparently,* ich kann es noch!“, grinst sie meinem Bruder zu.

Wir fahren mit der ganzen Familie in den Wald, das machen wir sonntags immer. Laura hat noch zwei paar Pumps im Koffer, aber keine festen Schuhe. Unsere Schuhe sind ihr zu klein. Mein Vater fahndet nach dem Paar Laufschuhen, die neulich nach dem Training seiner Sportgruppe liegen geblieben sind. Sie passen Laura perfekt.

Wir rennen mit meinem Bruder und dem Hund durchs raschelnde Laub. Wir spielen wie die Kleinkinder „Tankstelle“ mit dicken Ästen an hohlen Bäumen. Völlig erschöpft kehren wir zurück. Lauras heller Rock ist ziemlich hinüber. *„Doesn't matter*“, meint sie, sie habe noch viele Röcke dabei. Hosen hat sie keine mitgebracht. Sie bekommt eine Jogginghose von meiner Mutter, die natürlich viel zu kurz ist, aber „sehr gemutlich“.

Laura schlägt vor, Musik zu machen. Meine Mutter ist glücklich. Ich übe seit Jahren Klavier, spiele aber schrecklich ungern etwas vor. Laura ist erst seit einem halben Jahr dabei und führt uns Stücke vor, von denen ich nur träumen kann. Sie spielt die Top-Hits der klassischen Musik und imitiert einen britischen Comedian, dessen Markenzeichen es ist, gezielt falsche Töne einzubauen. Das ist faszinierend und ziemlich lustig. Laura entdeckt die Gitarre. Sie habe sich gerade selbst Gitarre spielen beigebracht, sagt sie. Damit das Üben der Harmonien nicht so langweilig ist, hat sie die Texte aktueller Lieder umgedichtet. Sie singt einige unserer Lieblingspopsongs perfekt, erzählt aber statt von ewiger Liebe und Fernweh von zu viel Essen und Bauchweh. Jetzt lacht selbst mein Bruder. In meinem überfüllten Zimmer schlafen wir kichernd ein.

Mit dem Rad zur Schule zu kommen, ist schwieriger als gedacht. Laura hat tatsächlich nur schmale Röcke und Pumps im Gepäck. Wir schaffen es irgendwie, unfallfrei die Schule zu erreichen, nur der Rock ist am Po etwas ausgebeult.

Herr Dartmann und Mr. Cole sind grau im Gesicht. Unser Direktor begrüßt die Gäste steif und dankt den beiden Lehrern für den wertvollen Beitrag zur „Völkerverständigung". Wir stehen in einem unordentlichen Pulk aus übermüdeten Gästen und Partnern und lassen den Vortrag über die Gründung der Schule an uns vorbeiplätschern. Olli verdreht die Augen, zwei Austauschgäste kichern.

Der Rundgang endet in der Sporthalle. Ausnahmsweise erlaubt uns der Direktor ein Ballspiel in Alltagskleidung. Damit sind wir allerdings schnell fertig, denn alle Mädels der englischen Gruppe tragen schmale Röcke und Pumps. Somit ist die offizielle Begrüßung beendet, der Direktor und die Lehrer machen sich auf den Heimweg. Herr Dartmann steckt uns seine Telefonnummern zu – für den Notfall. Erstmal sollen wir jetzt die Ferien genießen. Am Mittwoch sind wir zur Stadtrallye verabredet, bis dahin ist Freizeit.

Martina und Gillian, Olli und Paul, Laura und ich rotten uns mit ein paar anderen Austauschpaaren an den Tischtennisplatten auf dem Schulhof zusammen. Gillian flötet, ihr Name gefalle ihr nicht. Sie möchte Jill genannt werden: „*Just Jill*!". Olli ist hin und weg.

Ludgera schmachtet Paul an, der ist aber in Martinas Bann, die sich lässig den Pony aus den Augen pustet und ihn nach den Cricketregeln ausquetscht. Ludgeras Partnerin Nancy legt gelangweilt neuen Lipgloss auf, lässt Paul aber nicht aus den Augen.

Björn und Ben stehen unschlüssig herum. Lauras Blick trifft meinen. Wir müssen beide lachen.

„Hat irgendwer seine Tischtennissachen dabei?", frage ich.

Björn greift in die tiefen Taschen seines Parkas, fördert aber nur ein Hustenbonbon zu Tage. „*Thäänkyooo*!“, ruft Laura und schnappt es sich. Ben hat mit seinem Adlerblick einen kleinen Plastikball im Gebüsch entdeckt. Wir spielen mit dem verbeulten Bällchen Rundlauf ohne Schläger, bis wir völlig aus der Puste sind.

Es ist Mittagszeit, die Gruppe löst sich auf. Olli lädt alle, die wollen, für den Abend in seinen Partykeller ein. „*Bring what you like*“, ruft er zum Abschied.

Abends spendieren meine Eltern eine Flasche Cola und eine Tüte Salzstangen zum Mitbringen für die Party. Laura wühlt eine Tüte Salt‘n‘Vinegar-Chips aus ihrem Koffer.

Wir gucken noch eine Vorabendserie mit meiner Familie, dann machen wir uns zu Fuß auf den Weg – vom Radfahren hat Laura erst einmal genug. Olli wohnt in einem großen Einfamilienhaus, nur wenige Straßen von uns entfernt. Seine Mutter kennt mich seit der Grundschule. Sie zeigt einladend Richtung Kellertreppe.

„*Words don't come easy to me*“, schallt uns entgegen. Laura und ich treten vorsichtig ein, die Party ist schon in vollem Gange. Ollis Mutter hat wie bei unseren Kindergeburtstagen in der Grundschulzeit Flips und Salzstangen in Plastikbechern auf Karoservietten angerichtet. Daneben stehen Cola- und Saftflaschen und noch mehr bunte Becher für alle. Jill und Nancy sitzen stark geschminkt und in engen Tops auf schmalen Holzbänkchen mit rotweißem Karomuster. Sie halten Plastikbecher in den Händen und prosten sich mit blauen Getränken zu, die fast leere Flasche haben sie ungeschickt unter der Bank versteckt. Olli sitzt mit seligem Lächeln im Schneidersitz zwischen den beiden auf dem Boden. Jill flößt ihm aus ihrem Becher die eindeutig riechende Flüssigkeit ein. So hat sich Ollis Mutter die Party sicher nicht vorgestellt.

Laura und ich stellen uns zu Martina. Sie pustet sich lässig den Pony aus dem Gesicht und hebt ein weißes Getränk an die Lippen. Um sie herum hat sich ein kleiner Pulk gebildet. In der Runde riecht es intensiv nach Kokos. Eine weiße Flasche mit schwarzem Etikett steht auf der kleinen Theke. Auch die hat sicher nicht Ollis Mutter dort hingestellt. Paul lehnt an der Holzvertäfelung, singt: „*This is just a simple song that I've made for you on my own ...*“, und schaut seinem Publikum reihum in die Augen. Auch bei mir macht er kurz halt. Für eine Sekunde bin ich hypnotisiert. Dann legt er Martina den Arm um die Schultern.

Ich muss mal. Es gibt eine kleine Gästetoilette direkt neben dem Partyraum. Nancy sitzt bei offener Tür mit verschmiertem Make-up auf dem Klodeckel und kotzt bunte Bröckchen ins Waschbecken.

Ich gehe zurück in den Partyraum. Ben und Björn gießen Orangensaft in ihre blauen Getränke, rühren mit Salzstangen um und reißen die Augen auf: Der Drink wird grün! Zwei Mädchen in knappen Tops kreischen: „*Magic! Phantastic!*“ Sie wollen auch so ein magisches Getränk. Die vier prosten einander zu und singen inbrünstig „*Skandal um Rosie!*“.

Laura steht allein in der Ecke. „*Don't like it*“, sagt sie.

„Gefällt mir auch nicht“, antworte ich.

Wir futtern ihre Salt'n'Vinegar-Chips direkt aus der Tüte und trinken Cola aus der Flasche.

Im Gehen checken wir nochmal das Gästebad. Die Tür lässt sich nur schwer aufschieben. Dahinter schläft Nancy auf den kalten Fliesen. Olli wankt dazu. Er kratzt sich am Kopf.

„Viel Spaß noch“, sage ich.

„*See you on Wednesday*“, sagt Laura.

„*Ebony and Ivory live together in perfect harmony*“, klingt uns auf der Treppe hinterher, wir singen leise mit. Draußen setzen wir den Song laut fort, textsicher und zweistimmig. Erst am Ende schauen wir uns wieder an. Wir gackern bis die Tränen laufen.

Laura hat die Chipstüte noch in der Hand. Im Gehen mampfend kündigt sie an: „*Tomorrow I'll start your Mum's* Apfel-und-Ei-Diät."

Der letzte Sommer auf der Insel

Unsere Familienurlaube haben die Richtung geändert. Mit dem Sportferienlager sind wir bis in die Dolomiten gereist. Mit der Familie und dem Zelt waren wir am Mittelmeer und an der Adria. Mein Bruder und ich machten abwechselnd einen Austausch in England. Jetzt haben alle Lust, noch einmal wie früher den Sommer auf der Insel zu verbringen.

Wir finden einen Stellplatz in den Dünen zwischen den Brombeeren, genau da, wo wir immer waren. Mein Vater joggt zum Strand. Ich lese Bücher vom Bücherbus. Meine Mutter löst Kreuzworträtsel in alten Zeitschriften. Mein Bruder saust mit dem alten Klapprad über den Campingplatz.

Die Saison nähert sich dem Ende. Durch unzählige Male des Vorbeifahrens ist der hellblonde Lockenschopf allen Bewohnern schon bekannt. Wir lernen die Jugendlichen des Sommers kennen, Sarah aus Zwolle, die Zwillinge Katja und Stephan aus Hannover, die Brüder Rüdiger und Tobias aus dem Ruhrgebiet. Wir benehmen uns wie die Rotte in unserer Reihenhaussiedlung: Siebzehnjährige kämpfen mit Zwölfjährigen auf dem Rücken erbittert gegen Seeungeheuer. Jungs flitzen als Beifahrer von Mädchen auf Gepäckträgern klappriger Räder über den Platz. Die meiste Zeit liegen wir an windstillen Plätzen herum wie ein Knäuel Katzenkinder. Der Campingplatz lichtet sich, sodass wir ganze Stellplätze in Beschlag nehmen können. Wir richten sie mit geborgten Klappliegen und organisierten Süßigkeiten gemütlich ein. Dabei dürfen wir uns nur nicht von den Mitarbeitern der Platzverwaltung erwischen lassen.

Wenn meinem Bruder und Sarah das Herumliegen langweilig wird, sausen sie über den Platz und versorgen uns mit Neuigkeiten: Hier ist eine Familie abgereist, dort läuft ein Platzwart herum und kontrolliert die Zelte. Tobias und Rüdiger spielen Sketche mit verteilten Rollen, bis wir uns die Bäuche halten. Das Abendessen verbringen wir mit unseren Familien.

In der Dämmerung finden wir uns wieder zusammen und erkunden in immer weiteren Kreisen die Umgebung. Wir erklimmen alte Bunker in den Dünen, springen in tiefe Sandschluchten. Nachts liegen wir im Sand oder auf dem Stroh der verlassenen Stellplätze und zählen die Sterne.

Unsere Eltern versichern einander, dass alles in Ordnung ist.

Unsere letzte Woche bricht an. Wir wandern in der Gruppe zum ersten Mal im Dunklen den weiten Weg durch die Dünen bis zum Meeresufer. Wir schreiben unsere Namen in den Sand. Die Buchstaben leuchten kurz auf und erlöschen wieder. Auf dem Rückweg kichern und stolpern wir durcheinander und nutzen die Dunkelheit, um einander zu erschrecken. Dann werden wir ruhig. Die letzte halbe Stunde laufen wir in vollkommener Stille. Wir sehen schon die Laternen des Campingplatzes, da legt Tobias ganz vorsichtig seinen Arm um meine Schultern. Genauso vorsichtig neige ich meinen Kopf an seinen Arm. Am Eingang zum Zeltplatz lösen wir uns voneinander. Ich kann lange nicht einschlafen, lausche auf die Atemzüge meines Bruders und das Huschen der Tiere auf dem Platz.

Ich muss doch eingeschlafen sein, denn ich wache vom heulenden Wind und dem Flackern eines Lichtes auf. Mein Bruder schaut mich erschrocken an. Meine Mutter fuchtelt mit der Taschenlampe und wühlt in unserer Kleiderkiste, meinen Vater hören wir draußen fluchen. Eine Minute später kriechen wir barfuß und in Regenkleidung aus dem Zelt. Meine Mutter sichert die wichtigsten Papiere im Auto, mein Vater robbt mit dem Klappspaten ums Zelt und schaufelt tiefe Gräben, um Regenfluten abzuhalten. Er schlägt dicke keilförmige Heringe in den sandigen Untergrund. Immer dort, wo es flattert, versucht er, das Zelt zu spannen. Aber er kommt kaum hinterher. Mein Bruder und ich reichen an, was nötig ist, und prägen uns alle Handgriffe ein.

Die Schleusen des Himmels öffnen sich, das Unwetter peitscht mit Wind und Regen nieder. Unser Zelt neigt sich zur Seite – eine Abspannschnur ist gerissen. Wir stapeln unser Inventar so weit wie möglich in den hinteren Teil des Zeltes auf Campingstühlen, schon ist der Boden geflutet. Zu viert flüchten wir ins Auto. Klatschnass, aber sicher im faradayschen Käfig beobachten wir das Naturschauspiel. Die Scheiben beschlagen von innen. Außen fließen Regenmassen vom Wind getrieben waagerecht. Irgendwann wird das Prasseln des Regens leiser, das Heulen des Windes sanfter. Wir dämmern im Sitzen ein.

Im Morgengrauen schälen wir uns zerschlagen aus dem Auto, sichten und reparieren die Schäden und trocknen unsere Habseligkeiten. Die Morgensonne strahlt, als wäre nichts gewesen. Der Platz duftet nach Erde, Sand und Stroh, Salz und Heide.

Mein Vater verbreitet Hektik. Um zehn Uhr startet der letzte Dünen-Crosslauf der Saison und er will teilnehmen. Er fährt zum Startplatz und parkt das Auto rückwärts ein. So kann meine Mutter später vorwärts herausfahren. Das Bier zur Feier des Zieleinlaufs ist schon eingeplant. Nach dem Startschuss haben wir ungefähr zwei Stunden Zeit bis zum Zieleinlauf. Wir treiben uns an den Imbissbuden und Getränkeständen herum, treffen die Familien der anderen Starter. Über die Lautsprecheranlage dringen mehrsprachige Informationen an unser Ohr. Starter X hat bereits diesen Punkt passiert, Starter Y ist am Wassergraben gestürzt, aber weiter im Lauf, Starter Z derzeit an Position eins ...

Zwei Stunden nach dem Start wird die Stimmung im Fanblock angespannt. Jetzt geht es um Siege und Wertungen. Mein

Vater müsste jetzt verschwitzt, voller Schlamm und stolz wie Oskar aus der Schar der Zieleinläufer zu uns kommen. Wir spitzen die Ohren.

Bis zwölf Uhr hören wir keinen bekannten Namen. Die Namen der Läufer werden jetzt weniger euphorisch ausgerufen. Das Feld lichtet sich, nur noch vereinzelte Senioren traben heran. Wir suchen das Glashäuschen der Wettkampfleitung auf und fragen nach meinem Vater.

Die Ordner telefonieren, fragen nach, rufen woanders an, fragen nochmals nach und nehmen meine Mutter beiseite. Mein Bruder und ich fixieren die Szene. Meine Mutter wird bleich. Dann schaut sie zum Himmel. Jetzt hören wir das Schlagen von Rotorblättern.

Wir erfahren, dass mein Vater kurz vor dem Ziel zusammengebrochen ist. In der Hektik der Erstversorgung ist die Information nicht zur Wettkampfleitung weitergegangen. Mein Vater ist im Helikopter auf dem Weg in die Klinik auf dem Festland. „Sie vermuten einen Herzinfarkt“, erklärt meine Mutter mit fremder Stimme.

Wir staksen zum Auto. Meine Mutter fährt mit starrem Blick zum Campingplatz. Im Zelt packt sie eine kleine Tasche. Zusammen mit meinem Bruder wird sie die letzte Fähre des Tages ans Festland nehmen. Die beiden versprechen, mich umgehend auf dem Campingplatz anzurufen, wenn sie Neuigkeiten haben. Ich soll die Stellung halten, bis wir wissen, wie es weitergeht.

Endlose Stunden vergehen. Ich sitze im Zelt, draußen sind wie immer Wind und Sonne, Sand und Dünen. Abends höre ich zum ersten Mal unseren Familiennamen über die Lautsprecher des Campingplatzes. Ich nehme den Anruf meiner Mutter in der Rezeption entgegen.

„Papa hatte keinen Herzinfarkt“, sagte sie. „Da ist eine Ader in seinem Gehirn geplatzt.“ Sie klingt sehr fremd und sehr weit weg.

Mein Vater ist schon in die Uniklinik der Hauptstadt verlegt worden. Er muss in einer neurologischen Spezialabteilung operiert werden. Ich soll am nächsten Morgen mit der ersten Fähre ans Festland und von dort in die Hauptstadt reisen. Unser Reihenhausnachbar Heini wird in den nächsten Tagen das Zelt abbauen und unsere Campingsachen nach Hause fahren.

Tobias und Rüdiger sitzen vor unserem Zelt. Sie haben unseren Namen in der Durchsage gehört. Ihre Mutter lädt mich zum Abendessen ein. Ich folge ihnen. Es gibt selbstgemachte Erbsensuppe.

Nach dem Essen gehe ich zurück zum Zelt und packe. Als ich herauskomme, stehen Katja und Stephan, Sarah, Tobias und Rüdiger da. Wir gehen durch die Dünen zum Bunker. Wir schauen der Sonne beim Untergehen zu, ich erzähle was passiert ist und dass ich morgens abfahren werde.

Rüdiger schlägt vor, gemeinsam vom Bunker zu springen. Wir klettern hoch, greifen uns bei den Händen und springen ab. Die Sandkuhle rast auf mich zu, ich komme falsch auf und schlage mit dem Knie unter mein Kinn. Es knirscht. Mein Schädel explodiert mit hellen Blitzen. Ich sacke weg.

Tobias fängt mich auf. Er und Rüdiger haken mich rechts und links unter und führen mich den langen Weg zurück. Benommen setze ich Fuß vor Fuß. Im linken Gesichtsfeld sehe ich die schwarze Nacht. Mein rechtes Gesichtsfeld zeigt wirbelnde Sterne auf grauem Grund. Die Brüder bringen mich zu unserem leeren Zelt. Ich schicke sie nach Hause.

In der Nacht sehe ich Sterne, ob ich die Augen schließe oder öffne. Ich hole unseren Sandeimer ans Bett und übergebe mich. An meinem Kinn fühle ich eine eiförmige Beule. Der stechende Schmerz tut gut. Schon wieder muss ich spucken. Im Morgengrauen beseitige ich die Spuren der Nacht. Den Weg zum Waschhaus schaffe ich nur knapp, dann wird mir wieder schlecht, obwohl mein Magen völlig leer ist.

Im Spiegel sehe ich ein fremdes Gesicht mit einem unförmigen Kinn.

Ich hole meine Tasche aus dem Zelt und mache mich auf zur Bushaltestelle.

Moderne Pädagogik

Von den über hundert Schülerinnen und Schülern unserer drei Parallelklassen sind jetzt, in der elften Klasse, noch knapp fünfzig übrig. Lisa aus der C und ich haben uns gleich beim ersten Treffen unseres Biologiekurses gefunden. Gemeinsam erproben wir die Privilegien der Oberstufe und genießen es, in den Augen der Fünfer erwachsen zu sein.

Lisa hat es in einer Sitzung der Schülervertretung gehört: Es weht ein frischer Geist durch unser ehrwürdiges Gymnasium. Eine sogenannte Projektwoche ist in Planung. Im Informationsschreiben der neuen Pädagogik-Fachkonferenz steht, die Klassenverbände werden aufgelöst und der übliche Unterrichtsbetrieb werde eine Woche lang ruhen. Stattdessen werden wir „eigenständig und mit Hand und Fuß" wertvolle Themen erarbeiten. Nach einigem Hin und Her wird das progressive Vorhaben auch für die Oberstufe geöffnet. In der Raucherecke spekulieren wir kontrovers über diese unverhoffte Abwechslung vom Punktesammeln. Wir bekommen Wahlzettel mit einem bunten Angebot von Themen. Um die unterrichtsfreie Zeit maximal zu genießen, achten wir vor allem darauf, wer die Projekte anbietet.

Eine Woche in der entspannten Präsenz unseres Physiklehrers könnte ich mir sehr gut vorstellen. Dafür allerdings fünf Tage lang Fußball zu trainieren, wäre eindeutig ein zu großes Opfer. Die extrem beliebte Doktorin der Biologie bietet an, entlang der Spuren geschützter Pflanzen durch die Heidelandschaft zu radeln. Das Angebot von *Everybody's Darling* Herrn Dartmann klingt ebenso öde: „Erfinden kooperativer Brettspiele zum Aufbau des englischen Grundwortschatzes." Allmählich werde ich nervös. Weder kreatives Töpfern mit der esoterischen Kunstlehrerin noch die als „Spurensuche" getarnte Kriegsgräberpflege mit dem alten Geschichtslehrer ziehen mich in den Bann. Ebenso wenig die Exerzitien im benachbarten Kloster mit dem Schulgeistlichen oder eine umfassende Werkskunde der Droste, begleitet von unserer ehemaligen Deutschlehrerin.

„Wir knüpfen Kontakte zu Menschen mit Behinderungen“, schreibt eine Lateinlehrerin, die wir für ein halbes Jahr in der sechsten Klasse hatten. Ich habe sie als streng, aber nett in Erinnerung. Das Thema klingt ein bisschen sperrig, hat aber etwas in mir angeregt. Ich mache mein Kreuz mit Bleistift und konsultiere Lisa. Sie steckt in ähnlichen Nöten. Auch sie tendiert zu dem geheimnisvollen Projekt. Hier bestehe kaum die Gefahr, eine Woche mit albernen Siebtklässlerinnen verbringen zu müssen, meint sie. Das überzeugt mich. Wir machen unsere Kreuze mit Füller und geben die Wahlscheine ab. Dann vergessen wir die Projektwoche und machen uns wieder ans Punktesammeln für die Abi-Qualifikation.

Eines Tages hängen Tabellen mit allen Projektgruppen am schwarzen Brett. Lisa lag richtig: Alle Einträge unter der Überschrift „Wir knüpfen Kontakte zu behinderten Menschen“ stammen aus der Oberstufe. Aus der Raucherecke kennen wir die Gesichter. Mit sieben Personen haben wir die Mindestgröße – das Angebot kann stattfinden.

Am Morgen des ersten Projekttages sammeln wir uns in einem Klassenraum im Erdgeschoss. So viel Platz zu haben, sind wir nicht gewohnt. Ich setze mich mit Lisa an einen Doppeltisch, Martin aus unserer Stufe kommt dazu. Er trägt wie immer einen blauen Nicki zur blauen Jeans und verfällt in sein typisches Schweigen. Wir grinsen den anderen zu.

Die Tür geht auf, Frau Potthoff tritt ein. Statt ihren Mantel an den Kartenständer bei der Tür zu hängen, legt sie ihn über eine Stuhllehne. Sie setzt sich nicht an das Pult vor der großen Tafel, sondern nähert sich bis auf drei Bankreihen unserem versprengt sitzenden Grüppchen. Statt einer Aktenledertasche nimmt sie vorsichtig einen Jutebeutel mit grünem Laubbaumdruck auf ihren Schoß und wühlt eine Thermoskanne hervor. Sie schenkt eine dampfende Flüssigkeit in den Deckel, pustet vorsichtig, nimmt einen winzigen Schluck und sagt:

„Herzlich Willkommen zur Projektwoche! Bitte bilden Sie einen Stuhlkreis!“

Verdattert schauen wir uns an. Im Stuhlkreis haben wir zuletzt in der sechsten Klasse gesessen – bei religiösen Exerzitien im benachbarten Kloster.

Frau Potthoff sitzt entspannt mit ihrem Tee in der Mitte des Klassenraums. Zwei Mädchen aus der Zwölf rücken ihre Tische an den Rand des Raums. Wir schnappen uns Stühle und gruppieren uns im Kreis um Frau Potthoff. Sie sieht anders aus als damals im Lateinunterricht. Ihre graue Kurzhaarfrisur wirkt jetzt weicher. Sie würde gern wissen, eröffnet sie das Gespräch, weshalb wir ihr Angebot gewählt haben und wer von uns bereits Menschen mit Behinderungen kenne. Auch ihre Stimme ist weich. Sie bittet Martin mit der Vorstellung zu starten und danach jemanden aus der Gruppe dranzunehmen. Wieder nippt sie an ihrem Tee. Sie wirkt überhaupt nicht mehr wie die Lateinlehrerin, die konjugierend in Blazer und Bundfaltenhose vor uns auf- und ab wanderte. In Flatterrock und Batikbluse passt sie perfekt zu unserem Look aus gefärbten Latzhosen, Opahemden vom Flohmarkt und Entenschuhen.

Martin hat es kalt erwischt. Ehrlich gesagt habe er sich im zweiten Wahlgang für das Projekt entschieden, weil das Fußballprojekt so voll war. Der Schulleiter habe gemeint, das Thema Behinderung passe hervorragend zu seinem Leistungskurs Pädagogik. Er habe einen kriegsversehrten Großvater, endet er erleichtert und gibt weiter an Dirk.

Der ist schon Abiturient und genießt als „Popper“ in Karottenjeans mit weißem Polohemd und weißen Tennisschuhen

Exotenstatus in unserer vom Öko-Look geprägten Schule. Dirk pustet sich lässig den hellblond gebleichten Fransenpony aus der Stirn. Auf seine Motivation der Projektgruppenwahl geht er nicht ein und verweist auf seine blinde Großmutter.

Er nimmt Karin aus der Zwölf dran. Sie trägt die langen blonden Haare im geflochtenen Zopf auf dem Rücken. Ihr Onkel leidet seit einer Hirnhautentzündung an epileptischen Anfällen. Dann kommt Susanne deren kastanienbraune Locken in alle Richtungen streben. Ihr Opa ist nach einem Knieschuss im Krieg beinamputiert. Susanne gibt an mich weiter.

Ich überlege laut: „Zu Beginn der Runde dachte ich noch, dass ich keinen Menschen mit Behinderung kenne. Dann ist mir mein Großvater eingefallen, der mit einem schweren Händezittern aus dem Krieg zurückgekehrt ist. In der Familie heißt es, er sei ‚nervenkrank'. Ein Kind aus der Verwandtschaft ist laut meiner Oma ‚mongloid'. Die Ärzte haben seiner Mutter mitgeteilt, der Junge werde ‚nie ein selbständiges Leben führen können'".

Zuletzt kommt mir ein sehr bleicher Nachbarsjunge in den Sinn, der nie im Reihenhausrudel mitgespielt hat. Die kryptische Begründung war, er sei krank und gehe auf eine andere Schule. „Vermutlich hat er eine Behinderung", denke ich weiter laut.

. Dann übergebe ich das Wort an meine Nachbarin Lisa mit ihrem lockigen Rotschopf und braunem Strickpulli ist wie immer geradeheraus: Sie habe einfach Lust auf das Angebot gehabt. Kriegsversehrte habe sie auch in der Familie, sagt sie, und nimmt Melanie dran, die abwesend aus dem Fenster guckt. Ihre kleine Schwester, flüstert sie, liege seit einem Verkehrsunfall im Koma. Es wird still.

Frau Potthoff setzt Tasse und Thermoskanne ab und fragt: „Wie lange ist das jetzt her?"

„Ein Jahr, vier Monate und zwölf Tage“, antwortet Melanie und schaut in die Krone der Linde auf dem Schulhof.

Nach einer Weile richtet Frau Potthoff sich auf und sagt: „Meine Tochter hat eine geistige Behinderung.“

Es fühlt sich an, als hätte sie im Raum etwas verschoben, dabei sitzt sie genau wie eben. Sie holt ein großes Portraitfoto aus ihrer Tasche. Ein Mädchen mit schmalem Gesicht, ungefähr in unserem Alter, blickt mit hellblauen Augen in die Kamera. Sie schaut ernst, wie weit entfernt und sehr verloren. Anhand des engen Ringelrollkragenpullovers und der grünen Cordhose datieren wir das Foto einige Jahre zurück. Frau Potthoff holt ein jüngeres Bild hervor. Die gleiche Person steht im grünen Arbeitsoverall mit einer anderen jungen Frau auf einer Wiese vor einem roten Backsteingebäude. Die beiden halten erdige, offenbar frisch geerntete Feldfrüchte ins Bild. Die Gebäudefront kommt mir bekannt vor.

Lisa murmelt: „Das ist vor Hof Hansen aufgenommen!“ In Lisas Heimatdorf firmieren unter diesem Namen eine Schule, mehrere Werkstätten und ein Wohnheim.

Frau Potthoff nickt Lisa zu und erläutert: „Unsere Lena hatte nie Freunde in der Nachbarschaft, und wir kannten keine Eltern, die ähnliche Fragen hatten wie wir. Wir haben uns mit ihr kaum aus dem Haus getraut, dabei war sie nicht krank oder aggressiv, nur anders als ihre Gleichaltrigen.“

Wir schauen uns an. Die Gleichaltrigen, das wären in etwa wir.

„Seit letztem Jahr lebt Lena auf Hof Hansen in einer Wohngruppe für geistig behinderte Erwachsene. Sie hat jetzt Arbeitskollegen und Freundinnen. Ich wünsche mir, dass unsere Projektgruppe etwas dazu beitragen wird, dass Behinderte in der Gesellschaft mehr wahrgenommen werden.“

Nicht nur Melanie hängt an ihren Lippen. So etwas wie das hier haben wir nicht erwartet. Ich fühle eine Aufbruchsstimmung wie im Jugendgottesdienst, wo der junge Kaplan regelmäßig zur Rettung der Schöpfung vor Umweltverschmutzung und Atomkriegsgefahr aufruft. Ich bin voll dabei!

Die Zeit bis zur Pause ist verflogen. Frau Potthoff öffnet die Fenster, holt ihre Butterbrotdose aus ihrem Leinenbeutel und beißt in ein Vollkornbrot. Melanie bleibt am offenen Fenster stehen.

Martin, Lisa und ich zockeln zwei Runden um den Sportplatz. Als wir zurückkehren, sitzen Frau Potthoff und Melanie mit roten Wangen am Pult wie zwei Damen beim Teekränzchen.

Der Overheadprojektor projiziert einen Wochenplan an die Wand hinter der Tafel. Wir staunen nicht schlecht: Am Donnerstag und Freitag werden wir die Schule für Hospitationen verlassen. Wie Fünftklässler freuen wir uns auf die Wandertage.

Bevor wir beginnen können, Frau Potthoff mit drängenden Fragen zu bestürmen, wirft diese einen Blick auf ihre Armbanduhr und ruft: „Oh je, schon halb elf!“ Wir nehmen den heutigen Tagesplan genauer in den Blick: Für 11:30 Uhr steht ein Gastbeitrag mit anschließender Podiumsdiskussion auf dem Programm. Frau Potthoff springt auf, klatscht in die Hände und ordnet an: „Wir machen es folgendermaßen ...“

Sie scheucht uns für eine Einzelarbeit an Schülertische und verteilt Fragebögen. In aller Eile zeichnet sie einen Sitzplan an die Tafel. Sie reicht Dirk eine leere Overheadfolie und einen Stift mit den Worten: „Halten Sie bitte die Arbeitsergebnisse der Gruppe fest.“ Karin bekommt die Order: „Nehmen Sie sich bitte die Zeit: Zwanzig Minuten für die Einzelarbeit, zwanzig Minuten für das Zusammentragen der Ergebnisse. Finden Sie sich bitte pünktlich um halb zwölf an Ihren Plätzen ein. Ich erwarte Sie mit unserem Gast, Frau Ahlers.“ Damit rauscht unsere Projektleiterin aus dem Raum.

Der Fragebogen fordert mich auf, spontan und ohne Zensur Fragen zu formulieren, die ich einer Erwachsenen mit schweren körperlichen Einschränkungen stellen möchte. Bevor ich mich selbst zensieren kann, schreibe ich fix die erste Frage auf: „Was für eine Behinderung haben Sie denn?“ Ich komme mir furchtbar indiskret vor. Als Karin das Ende der zwanzig Minuten signalisiert, denke ich noch immer über meine peinliche Eingangsfrage nach.

Nach zwei Minuten Gruppenarbeit ist klar: Alle haben genau diese Frage notiert. Der Bann ist gebrochen. Wir sammeln: „Waren Sie schon immer behindert? Haben Sie Schmerzen? Sind Sie glücklich? Wie bestreiten Sie Ihren Lebensunterhalt?“

Dirk fragt: „Wir sollen nicht zensieren, oder?“ Dann formuliert er: „Stört Ihre Behinderung beim Sex?“ Ich hatte dieselbe Frage, hätte sie aber niemals zu Papier gebracht. Dirk kritzelt alle Rückmeldungen mit seiner Sauklaue auf die Overheadfolie.

Bei der Rückkehr in den Raum herrscht eine ähnliche Atmosphäre wie beim Warten auf die Beichte: Wir suchen unsere Plätze mit gesenkten Blicken auf, im Bemühen, den Gast so wenig wie möglich zu beäugen. Wir reden nicht.

Frau Potthoff richtet sich zu voller Größe auf. „Darf ich Ihnen meine liebe Freundin Frau Ahlers vorstellen?!“, ruft sie mit leicht kippender Stimme. Erleichtert blicken wir nach vorn. Frau Ahlers schnurrt in einem elektrischen Rollstuhl hinter dem Pult hervor. Sie wirkt winzig im Gegensatz zu ihrer Freundin, hat ein rundes Gesicht mit rosa Wangen und leicht vorstehende Schneidezähne. Mit etwas krächzender Stimme grüßt sie: „Meine Damen und Herren, herzlichen Glückwunsch zu Ihrem Mut, der dem caritativen Auftrag Ihrer Bildungseinrichtung sehr gut zu Gesichte steht! Und jetzt können wir uns duzen. Ich bin die Hedwig!“

Die Tür öffnet sich, Dirk und Karin betreten leicht abgehetzt den Raum. Sie setzen sich, eine kalte Rauchfahne hinter sich herziehend, in den Sitzkreis. Unser Gast schnurrt auf die beiden Nachzügler zu und strahlt: „Herzlich willkommen, die jungen Herrschaften. Wer zu spät kommt, wird mit Handschlag begrüßt! Ich habe euch eben das Du angeboten. Ich bin die Hedwig und wer bist du?“

Karin nennt ihren Namen, strahlt unwillkürlich zurück, windet die Rechte aus dem Ärmel ihres Parka und nimmt vorsichtig das schiefe Händchen wenige Zentimeter über den Steuerknüppel des Rollstuhls entgegen. Dirk holt im Scherz zum markigen Handschlag aus, bremst auf halbem Wege ab und schüttelt ebenso zart. Hedwig setzt ihre Runde fort. „Man will ja niemanden bevorzugen!“

Hedwig beginnt umgehend ihren Vortrag, den sie wohl nicht zum ersten Mal hält.

„Ich hatte eine richtig schöne Kindheit auf unserem Bauernhof im Münsterland. Drei Jahre lang war ich ein völlig normales Kind, die Dritte von Fünfen. Wir sind auf Bäume und Heuböden geklettert, auf dem Trecker mitgefahren und haben beim Viehfüttern geholfen.

Dann kam der erste Schub, mit furchtbaren Schmerzen, besonders in den Fußgelenken. Meine Eltern waren völlig ratlos, dem Arzt im Dorf fielen nur Schmerzmittel ein. Die halfen bald schon nicht mehr. Sieben Jahre haben wir ohne Diagnose und Behandlung verschenkt. Von Schulbesuch konnte man bei mir vor lauter Schmerzen kaum reden. In meiner Erinnerung liege ich mit einer Katze auf unserer Küchenbank. Wir beobachten die Tür zur Diele und warten darauf, dass meine Eltern oder Geschwister wiederkommen. In der Volksschule bin ich völlig durch die Maschen gefallen – es ist einfach hingenommen worden, dass ich die meiste Zeit zu Hause war. In der Gesellschaft von Katzen und Hunden habe ich in der Zeit alles gelesen, was mir in die Finger kam – und das war außer der Kirchenzeitung nicht viel.

Meine Gelenke haben sich mit der Zeit versteift, und ich bin kaum gewachsen. Erst als ich zehn war, hat uns jemand den Amtsarzt auf den Hof geschickt. Nach endlosen Untersuchungen in einer Uniklinik bekam mein Zustand endlich einen Namen: Kindliche Rheumatoide Arthritis. Das kannte damals auf dem Land einfach niemand, Rheuma bei Kindern. Eine Heilung ist bis heute nicht möglich, aber immerhin Linderung der Schmerzen."

Eine Träne rollt ihre Wange herab. Wir sitzen betreten in unserer Runde. Dann lächelt Hedwig wieder.

Die nächste Stunde gehört unseren Fragen. Mutig hat Dirk die Folie aufgelegt. Zu jeder Frage nimmt Hedwig Stellung: „Nein, einen Schulabschluss habe ich nicht erwerben können", berichtet sie: In der Pubertät wurden die Rheumaschübe häufiger, ihre Gelenke versteiften zunehmend. Zum Beweis hält sie die Hände auf Brusthöhe. Ihre Knöchel sind rundliche Knubbel, aus denen die Finger seitlich abknicken. Die Gelenke sind deutlich dicker als die Finger. „So sehe ich am ganzen Körper aus", sagt Hedwig und deutet auf ihren Nacken, ihre Knie. Sie hebt ihre Füße, die in knöchelhohen orthopädischen Schuhe stecken, und verzieht das Gesicht. „Im Winter sind meine Schmerzen besonders stark", stöhnt sie. Seit ihrem achtunddreißigsten Lebensjahr lebe sie in einem Altenheim, denn ihre Eltern, selbst alt und gebrechlich, hätten sie einfach nicht mehr versorgen können.

„Was sollte man mit mir machen?", fragt Hedwig. „In ein Wohnheim für geistig Behinderte konnte man mich ja schlecht stecken. Alleine kann ich gar nichts. Vom Aufstehen und Anziehen über das Essen und Trinken bis zum Toilettengang komme ich nicht ohne Hilfe zurecht. Den Heimplatz zu bekommen, war nicht einfach."

In dem von Nonnen geführten Altenheim im Zentrum unserer Kleinstadt fühle sie sich bestens aufgehoben, sagt sie. Für ihre Unterbringung komme der Staat auf, da sie laut amtlicher Feststellung zu einhundert Prozent schwerbehindert sei. Hier erweckt sie Frau Potthoff aus ihrer Bewunderungsstarre und bittet sie, den Ausweis aus ihrer Handtasche herumgehen zu lassen. Wir nehmen das Dokument reihum in Augenschein. Es sieht so ähnlich aus wie ein Führerschein und trägt das eingestanzte Passfoto einer deutlich jüngeren Hedwig mit roten Wangen und rosa Strickpulli. Auf der Rückseite finden sich wie beim Führerschein Felder mit eingetragenen Großbuchstaben plus Stempel und amtlicher Unterschrift.

Sie habe sich mit einigen jungen Auszubildenden aus dem Schwesternwohnheim neben dem Altenheim angefreundet, erläutert Hedwig derweil. Auch unter den alten Heimbewohnern habe sie einige tolle Persönlichkeiten kennengelernt. Und dann sei da ja noch Jesus, sagt sie mit einem verschmitzten Grinsen.

Und damit komme sie zur Frage nach dem Sex, schmunzelt sie in unsere atemlose Stille hinein. Körperlich sei sie sehr eingeschränkt, aber im Geiste frei wie ein Vogel, das könnten wir ihr aber mal glauben! Sie sei in ihrem Leben bestimmt so oft verknallt gewesen wie wir. Sie wirft einen Seitenblick auf Dirk und fährt fort: Sie müsse zugeben, dass sie die Glücklichen meist nicht eingeweiht habe. Oft sei das ohnehin schwierig gewesen, da es sich um unerreichbare Idole gehandelt habe, berühmte Sänger oder Sportler. Auf unseren Gesichtern spielt verklärtes Lächeln, nur Dirk runzelt die Stirn.

Und nein, sie könne von keiner konkreten sexuellen Erfahrung berichten, schließt Hedwig bedauernd. Wir studieren unsere Fußspitzen, nur Dirk hält Hedwigs prüfendem Blick Stand. Nun sei es für sie zu spät, meint sie, wir müssten diese Frage also bei Gelegenheit anderen Behinderten stellen.

Jetzt hat Dirk angebissen: „Was…? Es ist doch nie zu spät für eine Dame im besten Alter!“

Hedwig genießt Dirks Charme-Offensive. Mit glänzenden

Augen erwidert sie: „Tja. Das wäre tatsächlich nicht das Problem. Einen Bewerber hatte ich neulich noch. Aber inzwischen bin ich voll in Jesus verknallt. Ich werde Nonne! Stichwort Zölibat, bei den Franziskanerinnen ist nichts mit Sex." Sie rückt das goldene Kreuz zurecht, das sie um den Hals trägt. „Mein Probejahr ist schon rum, als Nächstes kommt mein Noviziat. Und wenn ich meinen Professring nach dem Gelübde nicht am Finger tragen kann, häng ich ihn mir an der Kette um den Hals – das tut der Liebe keinen Abbruch!", grinst Hedwig. Mit schiefgelegtem Kopf linst sie auf ihre Armbanduhr. „Huch, ich muss fix nach Hause, sonst verpasse ich meinen Pflegedienst. Ich wünsche euch eine tolle Projektwoche. Besucht mich mal im Franziskus-Stift!"

Es ist halb zwei – wir haben eine halbe Stunde überzogen! Frau Potthoff springt auf und schaut sich verwirrt um. Beschwichtigend sagt Dirk: „Lassen Sie mal, wir räumen hier auf. Bringen Sie die junge Ordensfrau zu den Nönnekes. Wir sehen uns morgen früh."

Ziemlich beste Kumpels

Der Höhepunkt unserer Projektwoche ist ein Tagesausflug zu gleichaltrigen Schülern eines Internats für Körperbehinderte in einem Dorf auf dem Land. Fasziniert beobachten wir den Hauswirtschaftsunterricht unserer Partnerklasse in einer völlig rollstuhlgerecht eingerichteten Großküche. Beim Essen lernen wir einander mithilfe vorbereiteter Fragen oberflächlich kennen.

Anschließend folgen wir unseren Gastgebern in den Gemeinschaftsraum des Internats. Der dient als Disco und würde sich bestens als Partykeller eines Jugendzentrums machen. Unsere Lehrpersonen ziehen sich an einen kleinen Tresen zurück und trinken Kaffee. Wir spielen Darts und Kicker im Dämmerlicht, trinken Cola und tauschen uns, in niedrige Sitzsäcke geknautscht, über das Leben zwischen Schulabschluss und der Zukunft aus. Plötzlich ist es Abend. Erstaunt darüber, bei einer schulischen Veranstaltung komplett die Zeit vergessen zu haben, verabschieden wir uns und verabreden einen Gegenbesuch in unserem Gymnasium. Dann reisen wir von Koffein geflutet im VW-Bus unserer Lehrerin zurück in die Kreisstadt.

Eine Woche später besucht uns die Partnerklasse in unserer Schule mit Führung und offizieller Begrüßung durch den Schulleiter – leider ohne informellen Programmteil. Lisa, Suse, Martin und ich mochten Stefan, Stephan, Ralf und Georg auf Anhieb und wollen die Treffen fortsetzen.
Wir platzieren uns jeweils neben einem der vier Jungs. Alle vier nicken. Vor der Abfahrt kritzelt Stefan seine Telefonnummer auf Suses Unterarm.

Lisa, Suse, Martin und ich verabreden uns in unserer Schülerkneipe zum Planungstreffen. Zum ersten Mal bemerken wir die hohen Eingangsstufen. Für Ralf würde ein gemeinsamer Kneipenbesuch bereits hier scheitern. Unsere Elternhäuser sind für einen schweren Elektrorollstuhl ebenfalls nicht zugänglich. Wir nehmen uns vor, die Jungs bei ihrer monatlichen Freitagsdisco im Internat zu besuchen. Wir rufen von der nächsten Telefonzelle die Nummer auf Suses Unterarm an. Nach einer halben Ewigkeit meldet sich eine fremde Stimme am Telefon. Ich bin irritiert. Geduldig entlockt mir der pädagogische Mitarbeiter der Wohngruppe mein Anliegen. Ich stammle die Namen unserer neuen Freunde. Mein Gesprächspartner legt den Hörer ab, seine Schritte verschwinden, eine Tür quietscht, entfernte Stimmen murmeln. Das Kleingeld klickt in regelmäßigen Abständen durch den Zahlschacht. Martin klemmt zwischen Tür und Rahmen der Zelle und fördert aus seinen Hosentaschen weitere Groschen zu Tage, Suse wirft nach. Der Hörer wird krachend wiederaufgenommen.

„Wo brennt's denn?“, kratzt Stefans Stimme an meinem Ohr. Suse quetscht ihren Kopf ebenfalls an den Hörer und ruft: „Wir besuchen euch zum nächsten Tanztee, wann ist nochmal euer Discotag?“

Martin murrt im Bühnenflüstern: „Tanztee, Disco … ich beweg mich nicht, dass das klar ist!“

Die Groschen klackern, unser Geld geht aus. Stefan gibt eilig die Zeit durch, das Gespräch endet abrupt. Wir kehren zu unserem leicht abgestandenen Altbier mit Schuss zurück und stoßen auf die Verabredung an. Jetzt müssen wir das nächste Problem lösen: Wie kommen wir an einem Freitagabend aufs Land?

Am ersten Freitag des nächsten Monats chauffiert Martin uns im Mercedes seines Vaters in die „Wallamuckis“, wie er gut gelaunt ankündigt. Da könnten wir uns echt was drauf einbilden, sagt er, denn erstens hasse er Autofahren, zweitens Unterhaltungsmusik und drittens gebe sein Vater das Auto niemals aus den Händen. Mit den Worten kurbelt er sein Fenster herunter, dreht den Schlagersender im Radio auf und singt mit Roy Black „*Du bist nicht allein!*“ Dank Oma Rosi kenne auch ich den Text auswendig.

Auf dem Parkplatz erwarten uns die vier Jungs und führen uns durch das Labyrinth der Wohnanlage zum Partykeller. Ohne sie hätten wir den niemals wiedergefunden! Bei Schwarzlicht, rotierender Glitzerkugel und der Songauswahl von Modern Talking bis Culture Club sind kaum Unterschiede zur Dorfdisco in Lisas Heimatort auszumachen. Nur die Tanzfläche ist wesentlich geräumiger und lässt Platz für wilde Darbietungen gemischter Formationen aus Rollstuhlfahrern und „Läufern“, wie Menschen ohne Räder hier heißen. Eine bunte Menge Jugendlicher drängt sich in dem kleinen Raum, die entweder im Internat oder im benachbarten Bildungswerk leben. Es gibt sogar Bier in kleinen Flaschen.

Wir holen eine Runde Getränke am Tresen und lassen uns in die Sitzecke sinken, die wir schon vom ersten Besuch kennen. Georg wird von seinen Freunden „Chicken“ gerufen, stellen wir fest. Das sei ein doofer Name, damit sei er gar nicht glücklich, gibt er uns zu verstehen. Lisa verspricht ihm, bei seinem offiziellen Namen zu bleiben.

Georg erwidert: „Für dich Georgie“, und kneift ihr in die Wange wie ein übergriffiger Onkel. Er hat kein bisschen gestottert!

Die Freunde klopfen sich auf die Schenkel und rufen „Chickeeeen!“.

Stefan, Stephan und Ralf verkünden, dass ihre offiziellen Namen nur für die Schule taugen. Ralf möchte in Abwandlung seines Nachnamens „Schowski“ genannt werden, Stefan besteht wegen seines Nachnamens auf „Berti“ und Stephan heißt wegen seiner Körpergröße „der Lange“ – so halten wir sie auseinander. Suse und Lisa, die in der Projektgruppe Susanne und Elisabeth hießen, bieten nun offiziell ihre Kürzel an.

Schowski schreit „Brüderschaft für alle!“

Wir kennen das Ritual. Martin besorgt eine Runde Bier, für sich bestellt er Cola. Wir haken jeweils den rechten Arm unseres Gegenübers ein, nehmen über Kreuz einen Schluck aus der eigenen Flasche, rufen den Namen und platzieren einen Kuss ins Gesicht des Gegenübers. Lisa und der Lange stoßen mit den Köpfen zusammen, Schowski passt sehr gezielt Suses Mund ab, Martin und Georg tauschen formvollendet zarte Wangenküsse. Berti erwischt souverän meine Lippen und hält den Druck, bis ich mich entziehe.

„Wechsel!“, ruft der Lange.

„Och nöö“, protestieren Schowski und Berti. Martin und Georg gehen frische Luft schnappen.

Der Lange hält sich das kühle Bier an die Beule und fragt Lisa: „Eine rauchen?“

Schowski und Suse schauen einander in die Augen. Berti streckt mir die Hand hin: „Unser Lied!“ Es läuft *Born to be alive* von Patrick Hernandez. Wir haben den Song noch nie gemeinsam gehört. Verwirrt lasse ich mich ins Schwarzlicht unter die Discokugel ziehen. Weiße Turnschuhe und T-Shirts strahlen unwirklich, wir bewegen uns im Freestyle der Tanzenden. Berti zieht mich auf seinen Schoß in den Rollstuhl und kippt uns so weit rückwärts, dass die Vorderräder in der Luft schweben.

Er singt mir ins Ohr: „Willkommen zur Profi-Pirouette – *Born to be alive!*“ Wir wirbeln so rasant auf der Stelle, dass ich nur noch weiße Kreise wahrnehme. Abrupt kommen wir zum Stehen. Mir ist schwindelig und ich will nochmal, aber Berti zieht die eben zurückgekehrte Suse in den Strudel und tröstet die protestierende Lisa: „Die Schönsten werden die Letzten sein.“

Den Rest des Abends verbringt Berti im Sitzsack mit Martin plaudernd, während Lisa, Suse und ich in seinem Rollstuhl und unter klugen Ratschlägen der Jungs abwechselnd die Profi-Pirouette üben.

Wir sind ab jetzt regelmäßige Gäste der Disco. Wenn die Lichter der Disco pünktlich um dreiundzwanzig Uhr ausgehen, ziehen wir uns zum „Absacker“ in Bertis Zimmer zurück. Außer ihm kann niemand so recht etwas mit dem Lokalhelden Udo Lindenberg anfangen. Berti besitzt alle Alben und lässt ungerührt die Nadel auf „Udopia“ sinken. Vom ersten bis zum letzten Song singt er innig mit. Bei der letzten Ballade ist es um Suse, Lisa und mich geschehen: *„Che Guevara und Luther King dürfen nicht umsonst gestorben sein, sonst pack ich mein Mikrofon für immer ein.“*

Wir glauben daran, dass es sich lohnt, für die Zukunft der Erde zu kämpfen. Wir trotzen der No-Future-Bewegung mit bunten „NO MORE WAR“-Stickern, kämpfen mit Schulheften aus Umweltpapier und bedruckten Jutebeuteln gegen die Ausbeutung der Natur.

Ab jetzt praktizieren wir das Lindenberg-Ritual gemeinsam. Aus tiefstem Herzen schmettern wir zu sechst: *„Baby, ich bin die Kugel in deinem Colt, ich raste aus. Ich schieß mich voll in dein Herz rein, oder schieß mich weit aus deinem Leben raus!“*

In melancholischer Euphorie reisen wir durch die Nacht nach Hause. Martin fordert lebenslange Dankbarkeit. Immerhin navigiere er drei völlig Überdrehte sicher durch unbeleuchtete Prärie und vernachlässige zudem sein barockes Gitarrenspiel.

Ein Gegenbesuch der Jungs in unserer Kreisstadt lässt sich bei allem Bemühen weitaus schlechter planen. Dabei besitzt das winzige Örtchen, in dem das Internat liegt, sogar einen Bahnhof. Berti und ich testen die Strecke. Bei meiner Anreise aus der Kreisstadt zum Dorfbahnhof nehme ich erstmals wahr, welche tiefe Kluft zwischen Bahnsteig und Zug gähnt. Hohe Stufen führen in die Waggons, der Aufgang ist durch ein Metallgeländer zweigeteilt. Ich kann mir kaum vorstellen, wie wir Bertis Rollstuhl durch dieses Nadelöhr fädeln wollen.

Beim Einfahren bemerke ich, dass das Bahngleis auf einem Hügel liegt. Von hier aus sehe ich Berti bereits einen steilen Zufahrtsweg hinaufrollen. Die Steigung ist für den durchtrainierten Basketballer kein Problem. Der letzte Meter hinauf zum Bahngleis besteht allerdings aus einer steilen Steintreppe, über die ich zu ihm hinuntertripple. Berti wirft die Arme hoch, um mich zu umarmen. In letzter Sekunde bremst er mit einer Hand, sodass wir nicht im Rückwärtsgang gemeinsam die Rampe hinab rasen. Berti nimmt die Treppe in Augenschein und entscheidet: „Du den Rolli, ich den Berti!“ Er lässt sich vom Sitz auf eine Treppenstufe gleiten, zerlegt seinen Rollstuhl mit wenigen Griffen und reicht mir die Einzelteile, die ich eilig die Treppe hochtrage. Oben setze ich alles wieder zusammen, während Berti sich aus der Kraft seiner Arme rückwärts die Stufen hinaufschiebt. Wieder im Rollstuhl, schaut er das verlassene Gleis entlang in die Ferne und singt leise: *„In the Ghetto...“*

In etwa zehn Minuten wird ein Zug in die Gegenrichtung fahren. Unser Experiment hat bereits ein Ergebnis: Schowski mit seinem sperrigen Elektro-Rollstuhl wird niemals in den Zug gelangen. Ich warne Berti vor der Kluft zwischen Bahnsteig und Zug und dem Geländer, das die Treppe teilt. Berti meint im Ton eines drögen Offiziellen: „Der Gefahr, dass ein Insasse die Anstalt eigenständig verlässt, muss unter allen Umständen vorgebeugt werden.“ Dann fährt er in seiner echten Stimme fort: „Vielleicht taugt der Schaffner als Fluchthelfer.“

Der Zug fährt mit quietschenden Bremsen ein, wir blicken

hektisch abwechselnd nach rechts und links, um den Zugbegleiter nicht zu verpassen, eilen ihm entgegen und tragen unser Anliegen vor. Berti fragt mit unschuldigem Augenaufschlag, wo und wie er den Zug „berollen“ könne.

Der Bahnbeamte malmt auf der Pfeife zwischen seinen Zähnen, hält seine Kelle steif erhoben und blickt abwechselnd nach unten zu Berti, schräg hoch zum unwegsamen Einstieg und weiter zu mir. Schweiß tritt auf seine Stirn. „Da müssen Sie, da müssen Sie ...“, sagt er schließlich, dreht zuerst seine Kelle so, dass sie dem Lokführer weiterhin Rot zeigt, dann sich selbst um die Achse und eilt Richtung Ende des Zuges. Wir folgen. Der Schaffner nimmt die Kelle in die Linke und schiebt mit der Rechten die Tür zum letzten Waggon auf. Dieser ist ein offener Raum, leer bis auf einige an die hintere Wand gestapelte Holzkisten. Der Einstieg ist breit und besteht aus einer ausklappbaren Eisentreppe, die mit ihren drei Stufen den Abgrund überwindet. Wir wenden die gleiche Kooperation an wie eben bei der Steintreppe. Der Uniformierte fragt nach unserem Reiseziel und verspricht, den Kollegen am Zielbahnhof Bescheid zu geben. Er klappt die Treppe zurück in den Waggon, dreht die grüne Seite der Kelle Richtung Lokführer und schiebt die Tür zu.

Wir rollen. Es ist laut und zugig. Durch kleine Oberlichter fällt Licht in unseren „Viehtransporter“, wie Berti ihn nennt. Wir sitzen auf dem Holzboden, der Rollstuhl liegt in drei Teilen neben uns. Berti hält mich von der Montage ab: „Lohnt nicht!“

Schon nach drei Stationen sind wir an unserem Zielort. „Wie kommen wir hier raus?“, frage ich leicht panisch. In dem Moment schiebt eine grauhaarige Dame in Bahnhofsmission-Uniform die Tür mit kräftigem Ruck auf. Sie klappt die kleine Treppe aus und entschuldigt sich für unsere Unannehmlichkeiten. Berti gewährt mir den Vortritt, reicht die Teile seines

Rollstuhls herunter und wuppt sich mit den Armen die Stufen herunter, während ich montiere. Die Dame empfiehlt uns, demnächst auch vor der Abreise ihre Kolleginnen vor Ort anzusprechen, die beim Einstieg helfen könnten.

„Gute Frau, in unserer Anstalt haben Sie keine Kolleginnen, das wüsste ich“, antwortet Berti. „Ich habe ein Auge für gutaussehende Damen.“ Er zwinkert, die Helferin errötet. „Wenn Sie als Missionarin ein gutes Wort für Gehbehinderte beim lieben Gott einlegen könnten, das wäre echt segensreich. Oder noch besser – bei der Bahn. Dann müssten wir nicht als Viehtransport reisen.“

Ich schwanke zwischen aufsteigendem Lachkrampf und dem Bedürfnis, eine Verabredung für den Rückweg mit der Dame zu treffen.

Berti hat anderes im Sinn. Er mustert mich von der Kapuze meines Anoraks bis zu den Jesuslatschen, hält mir seine Pranke entgegen und mahnt: „Schatz, wir müssen los, Reizwäsche kaufen. Die nette Frau hat zu tun!“ Hand in Hand schwanken wir gackernd den Bahnsteig entlang und kraxeln die kalte Steintreppe nach unten in die Bahnhofshalle. Die drei kleinen Stufen am Ausgang zum Bahnhofsvorplatz rattert Berti gekippt auf zwei Rädern herunter – seine leichteste Übung.

Jesus liebt mich

Laura hat sich, durch ein Flugblatt eingeladen, der Gemeinde „*Church on the Way*“ angeschlossen. Sie nennt die Gemeindemitglieder *brothers* and *sisters* und liest mit ihnen gemeinsam die Bibel. Bei meinem nächsten Besuch in Yorkshire werde auch ich herzlich willkommen geheißen.

Alles ist genauso, wie Laura geschildert hat. Die Kirche ist das Ladenlokal einer ehemaligen Fleischerei. Eine Kanzel gibt es nicht, statt Kirchenbänken stehen Klappstühle unordentlich im Raum verteilt. Im hinteren Teil des Raums, wo früher vermutlich die Fleischtheke stand, dient ein erhöhter Holzboden als Bühne. Ein amerikanisches Musiker-Duo ist zu Gast. Bob und Hugh sehen aus wie Popstars mit glänzenden Dauerwellen, Sonnenbrillen und strahlend weißen Hemden in den Karottenjeans.

„*The Lord is my rock, my fortress, my deliverer*“, singt Bob. Er klingt wie eine Mischung aus F.R. David und Duran Duran. Hugh begleitet ihn am Keyboard mit rockigen Soundeffekten. „*The Lord is my strength in whom I will trust*“, beschwört Bob eindringlich.

In meinem Kopf läuft die katholische Liturgie ab. Seit wir zuhause den neuen Kaplan haben, versammeln sich Jugendliche aller Gemeinden samstagabends zum Jugendgottesdienst. Das Gotteslob hat ausgedient, wir singen neue kirchliche Lieder, manchmal auch Hermann van Veen. Sowas wie das hier habe ich noch nie erlebt.

Laura und ich stehen eingequetscht zwischen Gemeindemitgliedern, die es nicht auf den Klappstühlen hält. Sie heben ihre Arme, wiegen sich im Takt, rufen „*Yes, Lord*!“ und „*Amen*!“

„*I will call upon the Lord and I will be saved!*“, endet Bob, und ich erwische mich beim Mitsingen.

Wir setzen uns auf die Klappstühle.

Der Priester heißt John. Er bedankt sich bei Bob und Hugh, dass sie den *Spirit*, der sie auf die Europareise geschickt hat, auch in den Dienst seiner kleinen Gemeinde stellen. Eine kleine Frau mit leuchtend roten Wangen neben mir winkt und ruft: „*Yes*!" John fährt fort, er habe festgestellt, dass heute einige neue Gesichter im Gottesdienst seien. Ich werde rot, aber alle hängen an Johns Lippen, niemand schaut zu mir.

John erklärt, er werde sein Programm ändern, um Zeugnis abzulegen: Jesus habe ihn persönlich gerettet. Er berichtet von seinem Jurastudium, der vor ihm liegenden Karriere. Von der inneren Leere und dem Leistungsdruck, vom Absturz in die Drogensucht und Kriminalität. Es ist mucksmäuschenstill im Raum. Er habe Menschen beklaut und verletzt, die ärmer waren als er selbst, und habe jede Achtung vor sich selbst verloren. Er habe keinen Ausweg aus dem Teufelskreis gesehen. Auf einer Brücke stehend habe er Gott gedroht, zu springen, wenn er keinen Ausweg anbieten könne.

Atemlose Stille im Raum, ich traue mich kaum, zu blinzeln.

Ich übersetze innerlich mit …

„Und was tat Gott, als dieser lasterhafte, abgewrackte Typ, dem nichts mehr heilig war, seine blasphemischen Worte schrie?", fragt John. „Hat er ihn fallen lassen?" – „Nein!", ruft meine Nachbarin. „Was ist das Größte, das Gott uns schenkt?", fragt John donnernd. – „Gnade!", „Liebe!", „Jesus!", rufen alle durcheinander. Johns Stimme wird leise.

„Oh ja", bestätigt er. „Gottes größte Geschenke an uns sind seine unendliche Gnade – und dass sein Sohn unsere Sünden auf sich genommen hat, weil er uns unendlich liebt."

„Halleluja!", ruft meine Nachbarin.

In dem Moment, als er damals schreiend auf der Brücke stand, berichtet John weiter, zog jemand vorsichtig an seinem Hosenbein. Freundlich schaute eine junge Frau zu ihm auf.

Als der Großkotz, der Dealer, der Aufschneider und Dieb in

die Augen dieser Frau sah, fühlte er eine große Wärme in seinem Herzen. Die Frau fragte, ob er es eigentlich schon gehört habe: „*Jesus loves you!*" Und er wusste, dass sie die Wahrheit sagte.

Er stieg vom Brückengeländer und weinte, widerwärtig nach Alkohol riechend, in ihren Armen.

Das war der Beginn seiner Beziehung zu Jesus. Und der Beginn der Liebe zu seiner heutigen Frau Sue. Jetzt drehen sich doch alle zu mir um, denke ich, und werde rot. Die Augen richten sich auf meine Nachbarin. Sue strahlt.

John erklärt, es habe Monate gedauert, bis er von der Sucht befreit war, aber er hatte Sue und sie hatten Jesus. Nach seiner Genesung wurde er Prediger, um weiterzugeben, was Jesus ihm geschenkt habe: Nichts weniger als ein neues Leben.

„Halleluja!" und „Amen!"- Rufe aus dem Raum beenden die Predigt. Ich habe Tränen in den Augen. Hugh greift in die Tasten. Bob rockt die Bude. Er singt von dem Glück, von Jesus gerettet zu werden. Den Refrain singe ich mit.

Nach dem Song berichten mehrere Gemeindemitglieder, was sie in der Woche erlebt haben, bitten um Unterstützung durch Gebete und kündigen Gelegenheiten zum Bibellesen im eigenen Haushalt an. Zum Abschluss singt Bob eine Ballade darüber, dass Jesus uns liebt. Laura und ich summen eine zweite und dritte Stimme mit.

In mir überstürzen sich Gefühle und Gedanken. Ich sehe meine Mutter und meinen Bruder übernächtigt auf orangen Plastikstühlen eines klinisch sterilen Aufenthaltsraums sitzen, an einen Getränkeautomaten gelehnt. Ich erinnere mich an stundenlanges Warten mit Übelkeit, ziehendem Kopfschmerz und an ein taubes Kinn. Ich höre, wie eine junge Ärztin in verknittertem Kittel uns auf Englisch, Niederländisch und Deutsch mitteilt, Mijnheer gehe es den Umständen entsprechend gut, und uns auf die Intensivstation führt. Ich sehe meinen Vater in einem Krankenhausbett, mit langen Nähten auf dem rasierten Kopf, an seinen Armen Schläuche, die zu piepsenden Geräten führen. Gerettet wie durch ein Wunder. Er hat sich nach der Operation fast vollständig erholt. Ich taste nach der kleinen Beule an meinem Kinn. Der Splitter sticht zurück.

Könnte es so etwas wie die *Church on the Way* auch in meiner Stadt geben?

Laura schleppt mich zu John, der mich besonnen ansieht. Er rät mir, einfach die Augen aufzuhalten. Jesus werde mir auch in der Heimat den Weg zu Brüdern und Schwestern im Glauben zeigen, ganz sicher. Neben uns bauen Bob und Hugh ihre Anlage ab. Bob wird hellhörig. Er hat meinen deutschen Akzent identifiziert. *Germany* sei seine spezielle Mission, sagt er. Das habe er Zuhause in Kalifornien ganz deutlich gespürt. Wir reden lange über Deutschland und die vor ihm liegende Tournee. Er verspricht für mich zu beten. Im Laufe seiner Reise werde wird er mich auf jeden Fall besuchen kommen. Das würde ich gerne glauben.

Nach einigen Wochen zu Hause liest meine Sportsfreundin Claudia während einer Busfahrt in einer kleinen ledergebundenen Bibel. Das ist mir vorher noch nie aufgefallen. Sie erklärt, sie gehöre zu einer freikirchlichen Gemeinde und lädt mich in den Gottesdienst ein.

In der schlichten Kirche tragen die meisten Frauen lange Röcke und die Männer Anzüge. Ein alter Mann in braunem Cord hält eine Bibellesung, eine Frau begleitet die altmodischen Gesänge an einem Harmonium. Einen freikirchlichen Gottesdienst hätte ich mir etwas anders vorgestellt, aber ich werde so freundlich aufgenommen, dass ich gerne öfter teilnehme. Manchmal besuche ich Claudias Bibelstunde und begleite die

Lieder auf der Gitarre. Samstags gehe ich weiterhin zur Jugendmesse, da treffen sich einfach alle. Die Erinnerung an den Pop-Gottesdienst in Yorkshire verblasst allmählich.

Eines Nachmittags holt meine Mutter mich aufgeregt ans Telefon: „Da ist ein Amerikaner dran!“ Jetzt werde auch ich nervös. Es ist Bob. Gerade ist er in Süddeutschland. Morgen gebe er ein Konzert in Heidelberg, sagt er, und könne mich übermorgen besuchen kommen.

Zwei Tage später, an einem verregneten Nachmittag, sitzen wir im vertäfelten Wohnzimmer auf dem Sofa. Es ist nicht dasselbe wie bei dem Auftritt in Lauras Gemeinde. Ich habe überhaupt keine Idee, was wir tun könnten. Bob schlägt vor, gemeinsam zu beten. Hier fühlt sich das völlig absurd an, aber ich habe keinen Gegenvorschlag. Meine Mutter kommt rein und serviert Chips und Fanta. Wir sind alle kurz peinlich berührt, dann müssen wir lachen.

Bob sieht die Gitarre an der Wand und schlägt vor, etwas zu singen. Er stimmt den Titelsong der Tour an, „*The Lord is my rock ...*“.

Jetzt ist auch meine Mutter dabei! Sie wünscht sich *California Dreaming*.

Bob stimmt an: „*All the leaves are brown ...*“

Wir singen textsicher mit.

Zum Abschied schenkt Bob uns zwei Kassetten mit seinen Songs.

Wenn wir die hören, sollen wir immer daran denken: „*Jesus loves you*!“

Against All Odds

Endlich steht die Verabredung mit Georgie, dem Langen, Berti und Schowski an!

Nach unserer Ankunft neulich verkeilte sich Berti gleich bei der nächsten Telefonzelle mit den Rädern im zu schmalen Eingang. Ich warf drinnen Groschen ein und reichte ihm den Hörer. Er brüllte, die Glastür im Rücken am Ende der gefährlich gespannten Metallstrippe: „Alter, du glaubst das nicht! Selbst wenn wir dir ne Rampe an die Treppe zum Gleis bauen würden, kämst du in den Viehwaggon nicht rein mit deinem Schlitten. Dann labern die von Hilfe anfordern von der Bahnhofsmission, als ob unser sogenannter Bahnhof nicht völlig von Gott verlassen wäre …!“

Ich höre Schowski am anderen Ende murmeln. Es hört sich an wie „Mission … am Arsch ...“ Seine Stimme ist sehr leise, ich werfe fünfzig Pfennig ein und gehe mit meinem Ohr so nahe wie möglich an den Hörer, den Berti zwischen uns hält wie ein Boot auf hoher See. Schowski sagt, es helfe wohl alles nichts er müsse die Fahrt im „Stubenwagen“ unternehmen. Damit meint er einen Rollstuhl ohne elektrischen Antrieb. Diesen nutzt er eigentlich nur, wenn sein E-Rolli defekt ist, denn darin ist er für die Fortbewegung vollkommen auf Hilfe angewiesen. Schowski meint, er werde sich für ein paar Wochen „von Muttern auf Diät setzen lassen“, damit wir ihn „locker tragen“ könnten. Das Kleingeld geht aus. Wir vertagen die weitere Planung auf das nächste Treffen im Bildungswerk.

Hier stellen wir fest: Vier junge Männer und zwei Rollstühle aus sehr ländlichen Teilen des Münsterlandes in die nächste Kreisstadt zu verfrachten, erfordert eine logistische Meisterleistung. Der Lange hat endlich seinen Führerschein und ist stolzer Besitzer eines Opel Rekord Diesel. Er wird am Tag unseres geplanten Treffens Georgie und Schowski von zuhause abholen. Mehr Passagiere kann er nicht an Bord nehmen, wenn er Schowskis Stubenwagen transportieren will. Er plant für die große Landfahrt mindestens zwei Stunden ein. Berti wird die Strecke mit Muskelkraft und losem Mundwerk nochmal solo überwinden.

Für mich wird es spannend, denn meine Eltern wissen noch nichts von dem Plan. Unser Partykeller, den mein Bruder und ich jederzeit mit Horden von Freunden belagern können, eignet sich für dieses Treffen nicht. Der einzige barrierefrei erreichbare Raum ist unser Wohnzimmer. Meine Eltern haben die Entwicklungen rund um die Begegnung verfolgt und stellen es ohne jeden Einwand zur Verfügung. Wir wählen ein Wochenende, an dem sie per Bahn zur Lieblingscousine meiner Mutter nach Süddeutschland verreisen. Ich habe inzwischen auch meinen Führerschein. Ohne nachzudenken, frage ich meinen Vater, der sein Auto niemals ausleiht, ob ich Berti vom Bahnhof abholen könne. Er stimmt spontan zu!

Der große Tag ist gekommen. Suse, Lisa und ich sind als Erstes mit Berti verabredet, den ich am Bahnhof einsammeln werde. Dort treffe ich pünktlich um vierzehn Uhr ein, Berti ist schon da. Wir bewältigen die Treppe, ein Taxi hupt, wir blockieren seinen Standplatz. Eilig schließe ich auf. Berti hievt sich auf den Beifahrersitz, ich demontiere den Rollstuhl. Der Taxifahrer hilft mir, die Teile einzuladen. Berti kurbelt sein Fenster runter, leckt seinen Zeigefinger an, hält ihn in den Wind und blickt gen Himmel und prophezeit: „Heute wird es nicht mehr regnen!“

Vor unserer Garage einzuparken ist kein Problem. Die zwei Stufen unserer Eingangstür schafft Berti locker, und um seinen Rollstuhl in den Flur zu bugsieren, müssen wir nur ein Rad abnehmen. Schowski werden wir nachher über unsere Terrasse einlassen, den ebenerdigen Zugang.

Mit Berti auf dem Perserteppich in unserem holzvertäfelten Wohnzimmer fühle ich mich befangen. Es klingelt, Lisa und Suse sind da. Die Stimmung lockert sich. Suse schlägt vor, Kaffee zu kochen und einen Waffelteig anzurühren. Berti will den Teig rühren. Den Rollstuhl lässt er an der schmalen Verbindungstür zur Küche stehen, stützt sich auf Suse und Lisa und lässt sich auf die Eckbank am Küchentisch plumpsen. Begeistert wie ein kleines Kind kippt er die Zutaten in die Schüssel und lässt das Rührgerät aufheulen. Nach einer Viertelstunde sieht die Küche aus wie ein Schlachtfeld.

Lisa, deren Eltern ein Hotel mit Gastronomie betreiben, stemmt die Hände in die Hüften und befielt, den Arbeitsplatz vernünftig zu hinterlassen. Die zwei gehen voll in ihren Rollen auf.

Es klingelt. Der Lange steht vor der Tür. Suse und ich folgen ihm zum Parkplatz an der kleinen Anliegerstraße und umarmen Georgie, der schon wartend auf dem Gehweg steht. Durch die offene Seitentür winken wir Schowski zu. Hinter seinem zusammengeklappten Rollstuhl können wir ihn nur teilweise sehen. Wir umrunden das Auto. Von der Straßenseite aus können wir ihn zwar bestens begrüßen, aber der Transfer vom Sitz in den Rollstuhl scheint zu gefährlich. Wir schließen die Türen wieder und hieven den Rollstuhl von der Rückbank. Das Fußbrett klappt versehentlich aus und hinterlässt einen Riss im Polster. Der Lange schluckt. Schweigend wendet er sein Auto so, dass Schowski nun ganz nahe am Gehweg sitzt.

Der Lange darf nicht heben und tragen. Seine Länge ist seine Behinderung: „Mein Rücken ist quasi Schrott“. Georgies Bewegungen folgen dauerhaft einer spontanen Eigendynamik, genannt Athetose. Er stellt die Bremsen des Rollstuhls fest und fixiert ihn mit seinem Körpergewicht.

Schowski schaut abwechselnd zu Suse und mir: „Bitte mal die Muckis vorzeigen, die Damen!“ Suse und ich deuten stolz auf unseren Bizeps. Schowski instruiert mich, die Armlehne des Rollstuhls abzubauen. „So könnt ihr mich besser reinsetzen", erklärt er. Ich klemme mir ein wenig den Finger, dann sind wir startklar für den Transfer.

„Zuerst müsst ihr mich so drehen, dass die Beine nach vorne baumeln", erklärt Schowski. Ich flitze ums Auto, klettere auf die Rückbank und drehe, so vorsichtig wie ich kann, seinen Oberkörper in Suses Richtung. Die zieht Schowskis Beine gleichzeitig zu sich heran. Das war zu viel Schwung. Schowski kippt nach hinten und begräbt mich unter sich. Bevor ich mich fragen kann, ob uns die Situation peinlich sein sollte, kommentiert er: „Jetzt müssen wir alle Hoffnung in deine Bauchmuskeln setzen, ich habe bekanntlich keine."

Nachdem der Lachkrampf abgeklungen ist, bringe ich uns hoch. Das ist eine gute Ausgangsposition für den Umstieg, der jetzt mit vereinten Kräften gelingt. Gemeinsam und unversehrt auf dem Bordstein angekommen, liegen wir uns zur „richtigen" Begrüßung in den Armen. Schowski erinnert an seinen sogenannten Turnbeutel, den ich aus dem Fußraum angle und an die Rückenlehne des Rollstuhls hänge. Den wird er später noch brauchen. Wir betreten unser Grundstück durch den Garten und klopfen an die Terrassentür. Lisa und Berti begrüßen uns wie stolze Hausbesitzer ihre Gäste zur Einweihungsparty.

Vorsichtig, um Schowski nicht aus seinem Rollstuhl zu kippen, überwinden wir die kleine Schwelle zum Wohnzimmer. Der kleine Couchtisch ist festlich gedeckt, mit blauweißem Service. Es duftet nach Kaffee und frischen Waffeln. Lisas Wangen leuchten, Berti kräht wie ein Sechsjähriger: „Hab ich selbst gebacken!" Erneut liegen wir uns in den Armen. Wir verteilen uns auf die Sitzmöbel. Georgie und der Lange landen nebeneinander auf dem Sofa unter dem von Opa Heinrich gemalten Ölgemälde von einem Stoppelfeld mit Ährenbündeln. Lisa und Suse quetschen sich rechts und links neben sie. Berti schwingt sich vom Rollstuhl in den Lieblingssessel meiner Mutter. Dadurch wird sein Rollstuhl für mich frei. Schowski nörgelt, er wolle auch neben Suse sitzen.

Er buhlt mit dem Langen um ihre Gunst. Wir machen Platz an der Stirnseite des Couchtisches und schieben ihn so nahe an Suse, dass sie ihm Kaffee und Waffeln anreichen kann.

Es klingelt. Martin ist entgegen seiner Devise „Sport ist Mord“ mit dem Rad aus der sechs Kilometer entfernten Vorstadt gekommen. Mit großer Geste und den Worten: „Ich hab da mal was vorbereitet“, zieht er zwei Tüten Erdnussflips und eine Tüte Kartoffelchips aus seinem Rucksack. Damit lässt er sich in den letzten freien Sessel neben Schowski plumpsen.

Dieser begrüßt ihn mit anerkennendem Blick auf den ewigen blauen Nickipullover: „Schick! – Neu?!“ Martin kontert mit einer exakten Imitation und dem Blick auf eines von Schowskis ewigen blauweiß-gestreiften Seemannshemden.

Lisa geht voll in ihrer Rolle als Gastgeberin auf. Sie füllt Flips und Chips in Schüsselchen, die sie auf dem Tisch verteilt, schenkt Kaffee aus, gibt Waffeln und Sahne auf die Teller.

Georgie klopft mit der Kuchengabel an seine Kaffeetasse, atmet ein – und bleibt gleich am ersten Buchstaben hängen. Das „K“ und das „P“, Feinde seiner freien Rede, lassen sich nicht immer vermeiden. Das bremst ihn nicht in seinem Mitteilungsbedürfnis. „Kennt ihr den?!“ Wir wollen den Witz hören. „Trifft ein Mantafahrer einen Rollstuhlfahrer ...“ Es folgen mehrere lahme Witze, über die wir uns vor Lachen ausschütten. Durch die sprachlichen Stolpersteine steigt der Mitmachfaktor. Zuerst stupst Lisa ihn bei Hängern an, wenn das nicht hilft, raten wir die Fortsetzung: „Ey, wie schnell fährt deine K.“ – „Karre!?“

Nun holt Georgie zur offiziellen Lobrede aus. „Seid herzlich begrüßt zur heutigen Versammlung! Besonderer Dank gilt den hier anwesenden Damen, auch im Namen meiner ...“ Die Jungs verdrehen die Augen, die Gastgeberinnen klatschen in die Hände. In der Manier des Vorstandsvorsitzenden eines Kaninchenzuchtvereins navigiert Georgie durch Floskeln und Gemeinplätze. Aus seinem Munde klingt alles urkomisch. Die Rede endet mit dem Ruf: „Und hiermit erkläre ich das B…“ – „Buffet!“ – „… für eröffnet!“

Wir hauen rein.

Mitten in die Sahneschlacht platzt mein Bruder ins Wohnzimmer. Er ist gestern im Mofakorso mit seinen Kumpels zum ACCEPT-Konzert nach Osnabrück gefahren, hat eine harte Nacht hinter sich und ist eben erst aufgestanden.

„Kaffee wär nicht schlecht“, sagt er beim Blick auf unsere Tafel und zieht sich einen Eichenstuhl vom Kamin heran. Er kennt die Jungs nur aus meinen Erzählungen.

Berti sieht mit seiner schwarzen Lederweste, den Nietenarmbändern und der Vokuhila-Frisur beinahe aus wie einer der beiden Gitarristen von ACCEPT, denke ich heimlich und greife nach einer Waffel.

Mein Bruder hat von Heavy Metal über Udo Lindenberg bis zur klassischen Gitarrenmusik einiges mit Berti und Martin zu bereden. Der Lange klagt Suse sein Liebesleid, Lisa und Georgie schwärmen wie zwei alte Tanten vom Frankfurter Kranz ihrer Omas.

Schowski zappelt in seinem Rollstuhl, soweit ihm das möglich ist. Er fixiert mich, schaut zum Hausflur, zurück zu mir und deutet einen Rückwärtsblick an. Ich wedle fragend mit Daumen und kleinem Finger. Er nickt. Ich bugsiere seinen Rollstuhl Richtung Toilette. Schowski erfasst die Lage mit einem Blick: Niemals wird sein Rolli in unser winziges Gästeklo passen.

Er ordert: „Schieb mich vorwärts da rein und gib mir die Ente.“ Schowskis Seemannshemd reicht großzügig über seinen Hosenbund. Ich öffne, was zu öffnen ist, reiche ihm seine Urinflasche an und schiebe ihn so weit in den kleinen Raum, dass ich die Tür ein wenig hinter ihm zuschieben kann. „Gleich wieder da“, sage ich und stehe zwischen Küchen- und Wohnzimmertür Schmiere.

„Alles klar“, ruft er nach kurzer Zeit.

Ich ziehe den Rollstuhl zurück und leere die Flasche im Klo. „Händewaschen …?“, frage ich angesichts des unerreichbaren Waschbeckens ratlos.

„Wird überschätzt“, antwortet Schowski. „Tu was vom Spray drauf.“

Ich sprühe die Ente, Schowskis Hände und zuletzt meine eigenen mit dem Desinfektionsmittel ein und lasse die Utensilien im Turnbeutel verschwinden. Wir kehren zurück an den Tisch.

Es ist siebzehn Uhr. Mein Bruder holt eine Kiste Bier aus dem Keller. Er meint, das passe besser zu den Flips und seinem Nachdurst. Berti verlangt seinen Rollstuhl von Lisa zurück, die auf dem Perserteppich Pirouetten übt.

„Mädchen, dat wird so nix! Der Teppich muss weg“, kommandiert er. Mit je einer Halbliterflasche Bier und einem Beutel Aldi-Tabak verschwinden Berti und mein Bruder nach draußen, Suse folgt. Schowski hat beim Geburtstag seines Bruders am letzten Wochenende festgestellt, dass er keine Halbliterflaschen mehr stemmen kann.

„Zu behindert zum Saufen, was ne Scheiße!“, klagt er mit Tränen in den Augen. Dann fordert er Martin auf: „Kipp du mir das rein!“ Martin hat nach wenigen Versuchen die richtige Schluckfrequenz raus. Die beiden fachsimpeln mit dem Langen über die Vorzüge von Dieselfahrzeugen.

Lisa, Georgie und ich räumen die Kaffeetafel ab und spülen das Geschirr. Dann rollen wir den Teppich auf. Einen Plattenspieler besitzt meine Familie nicht. Im Kassettenrekorder liegt eine Mixkassette meiner Mutter, die sie am liebsten zum Putzen hört. Zu „*Schuld war nur der Bossa Nova*“ und „*Banana Boat Song*“ tanzen wir Freestyle auf dem Holzparkett. Berti und mein Bruder kommen wieder rein. Mein Bruder zieht sich schnellstens zum Langen aufs Sofa zurück, um über das Frisieren von Mofas zu sprechen.

Berti schmettert im Duo mit Harry Belafonte: „*Theo mach mir ein Bananenbrooot!*“ Dann kündigt er an: „Ladies, heute lernt ihr Bertis Profi-Pirouette!“

Seine Drehungen machen uns schon beim Zuschauen schwindelig. Nacheinander zieht er Suse, Lisa und mich auf seinen Schoß. „Im Doppeldecker kapiert ihr das ganz schnell!“

Wie durch ein Wunder zerstören wir nicht eine einzige Glasscheibe der eichenen Wohnzimmervitrine. Mich hat das Karussellfahren in einen Rauschzustand gebracht – ich will mehr! Berti aber dreht schon wieder eine Solorunde und singt leidenschaftlich: „*Take a look at me now, here's just an empty space.*“ Die Kassette geht klackend zu Ende.

Berti singt mit aller Leidenschaft in die Stille: „*There's so much I need to say to you, so many reasons why ...*“ Für Phil Collins kann sich eigentlich niemand von uns erwärmen. Sein Solo haut uns trotzdem *against all odds* total um. Wir sind still.

Berti lässt die Vorderräder aufs Parkett klacken. Er rollt zum Rekorder, dreht geräuschvoll die Kassette um und startet die zweite Seite. Fats Domino knödelt „*Sleeping On The Job*“.

Die Gespräche leben wieder auf. In meinen Drehschwindel fragt Berti: „Willst du noch ne Runde?“

Die Chance lasse ich mir nicht entgehen!

Berti schwingt sich in meinen Sessel, überlässt mir sein Sportgerät und widmet sich den Flips. Zwischendurch wirft er mir Tipps zu: „Trau dich!“, „Gleichgewicht mehr nach vorne verlagern, sonst gibt's ne Gehirnerschütterung!“ Trotz Schwindel kann ich nicht aufhören.

„*Take a look at me now!*”, juble ich wenig später.

Berti applaudiert strahlend: „Sag ich doch, ihr kriegt das hin! *Against all odds!*“

Mein Reihenhaushintergrund begleitet mich für immer. Dieser Mikrokosmos bringt noch heute bunte Geschichten hervor. Meine Eltern brauchen keine Soaps – sie sind mittendrin, und ich darf immer noch zuschauen.

DICKSTER DANK
geht an
meine Eltern Jürgen & Moni & meinen Bruder
meine lieben alten Fans
Martina, Nikola & Moni für herzlich-kritisches Lektorat,
Edith, Marlen & Micha, die das alles schon hundert Mal gehört haben.

www.irisbrandewie.de

@ irisbrandewie.de

Lesetipp: Eine etwas andere Biografie, erschienen bei agenda im Juli 2021

Selina Spetter

„Ich lasse mich nicht unterkriegen, so lange Worte meine Wut besiegen"
Mein Leben mit dem FAS

Überlebenskünstlerin, Autorin und Songschreiberin Selina Spetter klärt aktiv über ihr Leben mit dem Fetalen Alkoholsyndrom auf.

Leseprobe

(...)

In diesem Buch erzähle ich meine Geschichte als FAS-Betroffene. Für die, die es noch nicht wissen:

Das Fetale Alkoholsyndrom entsteht, wenn die Mutter während der Schwangerschaft Alkohol trinkt.

Das Kind wird dadurch geschädigt und muss ein Leben lang mit dieser Behinderung leben.

Denn: FAS ist nicht heilbar.

Die Symptome kann man lindern, so dass sie nicht mehr ganz so stark sind, aber die Krankheit bleibt, auch mit Rückfällen. Viele Betroffene sind geistig eingeschränkt und können kein selbstständiges Leben führen. Es gibt aber auch die, die geistig gesund sind und die eine normale Intelligenz haben, aber psychisch verhaltensauffällig sind – so wie ich.

(…)

Meine leiblichen Eltern sind Alkoholiker. Ich habe seit dem ersten Tag um mein Leben gekämpft. Hätten die Ärzte mir nicht geholfen, wäre ich wahrscheinlich gestorben. Ich weiß nicht, wie lange ich im Krankenhaus war, aber es scheint lange gewesen zu sein.

Ich kam zu einer Bereitschaftspflegefamilie im Sauerland. Sie päppelte mich auf, soweit es möglich war. Meistens spuckte ich alles wieder aus. Ich war sehr klein und unterernährt für einen „normalen“ Säugling. Eines der Hauptsymptome des Fetalen Alkoholsyndroms.

(...)

Dezember 1994: Meine zukünftige Pflegefamilie erhielt einen Anruf vom Jugendamt, dass dringend Eltern gesucht werden, für ein Kind, das nicht ganz gesund war. Also fuhren meine Pflegeeltern ins Sauerland, um sich ein Bild von mir zu machen.

Meine Pflegeeltern haben sich sofort in mich verliebt. Sie sind das ganze Wochenende geblieben, haben mich gewickelt, gefüttert und mit mir gespielt. Sie wollten mich gerne aufnehmen.

Im Januar 1995 bin ich dann zu ihnen gekommen. Ich hatte eine Familie! Aber ich war noch zu klein, um das alles zu verstehen. Plötzlich hatte ich zwei Brüder, die mit mir spielen wollten. Ich war sehr zufrieden, wollte immer laufen, aber laut gelacht habe ich nie.

Ein halbes Jahr hat es gedauert, bis ich mich richtig eingelebt hatte!

(…)

Zu Hause wurde es schwieriger. Täglich verkroch ich mich wieder in mein Zimmer. Ich wollte allein sein. Meine Wut ließ ich bei meinen Brüdern oder meiner Mutter aus. Ich gab meiner Mutter die Schuld dafür. Ich schrie sie an: „Ich hasse dich“. Sie sagte: „Gut, dann kannst du dir eine neue Familie suchen“. Ich antwortete nicht. Ich wollte sie nicht verletzen, es tat mir leid, dass ich sie anschrie. Ich liebte sie doch! Also verletzte ich mich selbst. Ich schlug mich, biss mich, und kratzte mich, bis es blutete.

In der Schule lief es dagegen super. Ich hatte sehr gute Noten. Deswegen sollte ich nach den Sommerferien 2006 in eine höhere Klasse kommen, um mehr gefordert zu werden. Statt in die 6. zu kommen, kam ich in die 7. Ich war die jüngste in der Klasse, aber mit dem Unterrichtsstoff kam ich gut zurecht.

Zu Hause wusste meine Mutter keinen Rat mehr. Bis sie eines Tages in mein Zimmer kam. Sie gab mir eine Zeitschrift, die ich damals gerne las. Sie setzte sich auf mein Bett und sagte: „Komm her und setz dich zu mir. Ich muss dir etwas sagen.“
(...)

ISBN 978-3-89688-724-5, 158 Seiten, 12,90 €